KB124400

나는 반려동물과 산다

개와 고양이를 위한
청소년 인문학

이선이
장은영
남승원
고봉준
박종무
김영임
권유림
백지연
이철주
백지윤

나는 반려동물과 산다

🐶 추천의 글 🐱

반려동물과 함께 살기를 원한다면 반드시 준비된 사람이어야 한다고 주장해 왔습니다. 반려동물과 함께한다는 것은 쓰고 버리는 물건을 사는 것이 아니라 생명을 가진 존재인 동물을 가족으로 맞이하는 일입니다. 이 책은 인간중심의 사회에서 인간과 동물이 더불어 살아가는 사회적 공존의 의미와 필요성에 대해 이야기합니다. 인문철학과 법학, 수의학, 문학 등 다양한 분야의 깊은 통찰이 담긴 애정 어린 글이 반려동물과 함께 살기를 바라는 여러분의 훌륭한 길잡이가 되어줄 것입니다. 동물과 인간의 아름다운 공생을 꿈꾸는 이들이 반드시 읽어야 할 인문 교양서로 이 책의 출간을 기뻐합니다.

-**강은엽**(동물권행동 카라 명예대표)

반려인 1500만 명 시대에 개와 고양이 입양과 양육법, 행동학에 관한 책들은 많이 나와 있습니다. 하지만 반려동물에 대한 사회적 인식과 동물권 그리고 동물과의 교감 및 문화적인 측면에서 그들이 우리에게 어떤 존재이고 어떤 의미로 자리 잡아왔는지 이야기하는 책은 흔치 않았습니다. 이 책은 인간과 동물의 소통을 방해하는 인간중심적 사고부터, 예술 분야에서 인간과 동물이 함께하였던 역사적 순간들, 그리고 현재를 살아가는 우리가 실질적으로 느끼고 알아야 하는 동물병원과 법적 상식들까지 매우 흥미로운 내용들로 구성되어 있습니다. 또한 각 주제의 끝에 던지는 질문들을 통해 다시 한번 주제에 대한 깊은 문제의식을 고찰하게 만듭니다. 이는 개와 고양이뿐만 아니라 이들을 바라보는 우리를 위한 인문학 책이기 때문입니다. '동물과 인간을 위한 대화의 장'을 열어주는 이 책을 청소년뿐 아니라 반려인과 비(非)반려인 그리고 수의사 모두 필독하기를 추천합니다.

−나응식('냐옹신', 그레이스 동물병원 원장)

이 책을 만나는 것은 반려인과 반려동물뿐 아니라 우리 모두에게 행운이라 생각합니다. 오늘날 우리나라 사람 거의 세 명 중 한명이, 세 가구 중 한 가구가 반려동물을 키우고 있습니다. 그야말로 반려동물은 우리의 삶 속에 깊숙이 자리 잡았습니다. 반려동물이 없는 사랑과 우정, 기쁨과 슬픔을 이야기하는 건 상상도 할 수 없는 시대가 된 것입니다. 그러나 우리는 어떻게 해야 반려동물과 잘 소통하고 그들을 이해하며 더불어 잘 살아갈 수 있는지, 깊이 있게 성찰하는 시간을 갖지 못했습니다. 이 책은 이러한 질문에 진지하고도 매우 흥미로운 인문학적인 안내자가 될 것입니다.

−임경순(한국외국어대학교 교육대학원 독서논술교육전공 주임교수)

동물친구들을 위한
우정의 글쓰기를 시작하며

반려인구의 증가는 실로 놀라운 속도를 보이고 있습니다. 일상의 깊숙한 풍경 속으로 반려동물들이 들어왔습니다. 공원에도 텔레비전에도 유튜브에도 인스타그램에도 출현하는 동물친구들은 우리 삶의 풍경을 바꾸어놓았습니다. 자고, 먹고, 짖고, 달리는 반려동물을 보는 일은 우리들의 일상이 되었습니다. 그러면서 반려동물은 우리 인간과 일상을 서로 나누는 친구이자 가족으로, 함께 살며 사랑하기를 멈추지 않는 반려자가 되어가고 있습니다.

하지만 우려스러운 면도 많습니다. 맹목적이고 즉흥적인 사랑이 책임 없는 열정이기 쉽듯이, 우리의 사랑이 동물친구들에 대한 학대나 속박이 되기도 하기 때문입니다. 현실을 들여다보면 동물에 대한 진정한 이해는 뒷전으로 밀려난 채, 얄팍한 상술에 눈이 멀어 우리의 선택이 갖는 책임을 제대로 인식하지 못하는 사람들도 많습니다. 펫숍에서 충동적으로 반려동물을 입양하고서는 귀찮다고 유기하는 일, 기르는 동물에게 폭력을 행사하는 일에 대해

들어보셨을 겁니다. 동물보호소에는 유기된 동물들이 얼마나 많은지 언론보도에서 본 경험이 있을 겁니다.

　이 책은 이런 사랑과 우려의 마음이 모여 동물들과 아름다운 공존을 모색해 보고자 기획되었습니다. 그러나 우리의 관심이 반려동물에만 머문 것은 아닙니다. 우리 곁의 동물친구들에 대한 생각이 깊어질수록 자연스럽게 우리의 눈은 동물이 처한 다양한 현실을 향하게 되었습니다. 오늘날 지구별에서 함께 살아가는 동물의 현실은 위태롭기 그지없습니다. 북극곰, 유기동물, 살처분, 실험쥐, 공장식 농장이라는 말이 불러오는 살풍경을 생각해 보세요. 반려동물에 대한 진지한 성찰은 이러한 동물 일반이 처한 현실과 분리해서 생각할 수가 없습니다. 이 책에서는 주로 반려동물과 함께 살아가는 우리가 깊이 생각해 볼 점들에 대해 인문학적 성찰을 하고 있지만, 시야를 더 넓혀 동물 일반이 처한 현실에 대해서도 많은 생각을 나누고자 노력하였습니다. 우리가 사는 세상의 일들은 서로 깊이 연관되어 있고, 하나를 따로 떼어내어 독립적으로 생각해서는 근원적인 문제 해결이 어렵기 때문입니다.

인문학은 결코 어려운 학문이 아닙니다. 인문학은 우리가 살아가는 세상과 이 세상에서 살아가는 우리 자신에 대해 공감하고 비판하고 성찰할 줄 아는 생각의 체력을 키우는 학문입니다. 청소년을 위해 인문학적 관점에서 동물의 가족화 현상을 다루는 책을 쓰게 된 것은, 반려동물과 함께 살아간다는 것이 어떤 의미를 갖는지에 대해 여러분과 깊이 생각해 볼 시간을 갖기 위해서입니다. 동물과의 아름다운 공존과 공생이라는 말이 추상적인 표어가 아니라 우리들 삶을 바꾸는 말이 되기 위해서는, 청소년 여러분들이 동물과 인간의 관계나 동물이 처한 현실에 대해 좀 더 깊이 생각할 시간이 필요합니다. 친구에 대해 알고 배려하며 서로를 이해해 나가는 시간이 있어야 아름다운 우정이 지속될 수 있듯이 말입니다.

이 책에 저자로 참여한 분들은 동물과 함께 사는 일에 각별한 애정을 가진 사람들입니다. 인문학 세미나를 위해 모임을 가질 때마다 우리는 어김없이 함께 살고 있는 반려동물에 대해 한정 없이 수다를 쏟아내곤 합니다. 공부는 자기 삶을 담아낼 수 있을 때 즐겁고 의미를 가질 수 있습니다. 이런 생각으로 언제부턴가 우리는 함께 살아가는 반려동물과의 공존을 모색하는 반려인문학을 생각하게 되었고, 이 공부는 어떤 방식으로 가능할까를 고민하기 시작했습니다. 그러면서 우리는 자연스럽게 청소년들과 함께 나누어 볼 만한 생각을 정리하기 시작했습니다. 왜냐하면 청소년이야말로 진정한 사랑의 능력자이기 때문입니다. 모든 사랑은 시간과 함께 구체적인 힘을 갖게 됩니다. 우리 청소년들은 어린 시절부터 동물과 함께 살아가는 삶을 경험해 왔고, 그들에 대한 진정한 사랑의 의미를 몸으로 배워왔습니다. 이런 사랑을 믿기에, 동물과 함께하는 삶에 대해 청소년 여러분이 누구보다 진지하게 고민할 것이라고 생각합니다.

이 책을 통해 우리와 함께 지구별에서 살아가는 동물친구에 대해 공감하는 손길, 비판하는 목소리, 성찰하는 눈을 두루두루 갖기를 바랍니다. 청소년 여러분이 가진 놀라운 사랑의 힘이, 이 책을 통해 한층 깊고 넓어지기를 기대합니다.

경희대학교 글로벌인문학술원 현대문학연구소 소장 이선이

01

마음과
마음으로
통해요

소통

말하지 않아도
알 수 있을까?

이선이

경희대학교 한국어학과 교수

😺 멍냥이와 대화할 수 있다면? 😺

상상해 보자. 내 앞에 지금 샴 고양이 한 마리가 앉아 있다. 어린 시절 주머니 가득 넣고 다니던 유리구슬처럼 투명하고 동그란 눈망울, 사파이어처럼 빛나는 눈빛, 만지면 날아가 버릴 듯한 여린 수염 몇 가닥, 조용히 바라보다 내 심장을 훔쳐 달아나 버릴 것 같은 샴 고양이. 한참 동안 서로를 응시하다 보면 나도 모르게 고양이에게 말을 걸게 된다. 이렇게 혼잣말을 중얼거리다 보면 멋쩍은 듯 우리 마음에는 이런 생각이 고인다. '이 친구가 정말 내 말을 알아듣는 건 아닐까? 아니라면 어떻게 이토록 나를 빤히 쳐다볼 수가 있지? 틀림없이 내 마음을 다 알고 있을 거야.' 그러다가 또 우리는 이런 생각을 한다. '이 친구는 도대체 무슨 생각을 하고 있는 걸까? 내가 자기 말을 못 알아들어서 답답해하고 있는 건 아닐까? 만물의 영장이라고 잘난 척하지만 자기 말도 제대로 이해하지 못하는 인간을 한심해하고 있는 건 아닐까?'

누구나 이런 의문과 의심 사이를 오락가락해 본 경험이 있을 것이다. 프랑스의 철학자 몽테뉴(Michel Eyquem de Montaigne, 1533~1592)도 이와 유사한 고민을 털어놓은 적이 있다. 그는 유명한 『수상록』에서 고양이를 데리고 놀면서 느낀 회의감에 대해 이렇게 고백한다. "내가 고양이를 데리고 노는 것이 아니라 고양이가 나를 데리고 노는 것은 아닌지 누가 알겠는가?"라고.

몇 년 전의 일이다. 동물과 대화를 할 수 있다는 초능력자가 동물 관련 TV 프로그램에 출연했다. 애니멀 커뮤니케이터(animal communicator)* 하이디가 그 주인공이다. 그녀는 동물의 말을 알아들을 수 있다며, 이상행동을 하는 동물들과의 영적인 대화를 통해 그들이 어떤 상처로 고통 받고 있는지 반려인에게 알려주었다. 이 방송이 있고 난 이후, 애니멀 커뮤니케이터에 대해 관심이 쏠리면서 많은 이들이 동물과 대화하고 싶다는 생각으로 애니멀 커뮤니케이터가 되고자 하였다.

하이디와 같은 애니멀 커뮤니케이터들은 대부분 동물의 신체적, 심리적 아픔과 상처를 알아차려 치유를 돕는 일을 한다. 또 어떤 이들은 텔레파시를 통해 잃어버린 반려동물을 찾을 수 있고, 영적인 소통을 통해 죽은 동물과도 대화를 할 수 있다고도 한다. 물론 이들의 주장처럼 동물과 대화하는 일이 실제로 가능한 일인지 과학적으로 확인할 수는 없다. 이들의 말이 사실이라면, 애니멀 커뮤니케이터들은 우리가 즐겨 보는 월트디즈니나 픽사의 애니메이션처럼 자유롭게 동물과 대화하고 싶은 우리의 꿈을 실현한 사람들이다. 이들의 주장은 사람들의 흥미와 관심을 끌기 위해 얼마간 과장된 면이 있겠지만, 분명한 것은 동물과 대화하고 싶다

---

* '동물교감전문가'라고도 부른다. 반려동물과의 교감을 통해 심리 상태를 파악하고 이를 반려인에게 알려줌으로써 반려동물과 반려인 사이의 의사소통을 돕는 일을 하는 사람이다.

는 소망을 인간은 갖고 있으며, 이러한 소망은 생각보다 다양한 방식으로 진행되고 있다는 사실이다.

그렇다면 우리가 동물과 대화를 할 수 없는 이유는 무엇일까? 당연히 그 이유는 말이 안 통하기 때문이다. 여기서 말은 인간이 사용하고 있는 문자언어와 음성언어를 가리킨다. 물론 동물에게 훈민정음이 없다고 소통이나 교감이 불가능한 것은 아니다. 반려인들은 말로는 다 표현할 수 없는 깊은 교감을 동물들과 나누면서 적절하게 그들과 소통하는 방법을 터득해 왔다. 실제로 반려인 중에는 자신이 동물들과 충분히 대화하고 있고, 또 대화할 수 있다고 생각하는 이들도 많다. 하지만 우리는 이 대화가 사람 사이의 대화와는 분명히 다르다는 사실을 안다. 이 차이를 이해하기 위해서는, 우리가 언어를 어떻게 정의하고 있고 이러한 정의에는 어떤 생각이 담겨 있는지에 대해 먼저 이해해야 할 것이다. 인간과 동물의 소통방식을 제대로 이해할 수 있어야 비로소 말이 통하지 않는 동물과 대화의 실마리를 찾을 수 있기 때문이다.

🐶 타자와 대화를 나눈다는 것 🐱

영화 〈컨택트〉는 SF소설계에서 천재적인 작가로 알려진 테드 창(Ted Chiang, 1967~)의 원작 소설을 영화화한 작품이다. 이 영화는 외계인의 지구 방문을 소재로 삼고 있다. 어느 날 외계인이 지구에 방문하자 그들과 소통할 방법을 모르는 인간은 우왕좌왕하며 혼란에 빠진다. 이해할 수 없는 말을 외계어라고 부르곤 했던 우리가 제대로 된 외계어를 접한 것이다. 이들 외계인의 정체와 방문 목적이 무엇인지 알아내기 위해 저명한 언어학자와 물리학자가 호출된다. 언어학자는 외계인과 다양한 방법으로 대화와 소통을 시도한다. 하지만 고대의 언어부터 수많은 언어에 능통한 언어학자도 화면 가득 원 모양의 도형을 그리며 무엇인가를 표현하는 외계인의 언어를 쉽게 해독하지 못한다. 음성언어와 문자언어라는 인간 언어의 일반적인 기준으로는 외계인의 언어를 해석할 수가 없기 때문이다. 이 외계인의 언어에 대해 영화에서는 이렇게 설명한다.

> "인간의 언어와 달리 그들의 언어는 '의미표시문자'입니다. 뜻만 전달하고 소리와는 무관합니다. 그들에게는 우리의 글이 방해물에 불과할지도 모릅니다. (……) 말과는 달리 도형언어(logogram)에는 시제가 없습니다. 그들이 타고 온 우주선이나 몸처럼 그들의 문자에도 앞뒤 방향이 없습니다. 언어학자들은 이것을 '비선형 철자법'이라고 부르지요."
>
> ─영화 〈컨택트〉 중에서

테드 창의 소설은 모든 작품이 일종의 사고실험이라고 평가받는다. 특히 인간이 사용하는 언어에 대한 회의감을 드러내는 언어실험이 자주 다루어진다. 이 영화에서 언어실험은 외계인의 언어를 통해 진행된다. '의미표시문자(semasiographic)'라고 부르는 외계어를 해독하기 위해 낑낑대는 언어학자의 고민을 좇다 보면 우리 인간의 언어에 대해서도 진지하게 생각해 보게 된다. 흡사 문어처럼 생긴 외계인은 팔인지 다리인지 알 수 없는 일곱 개의 가지 끝으로 먹물 같은 검은 기체를 뿜어내면서 다양한 원을 그려 의사소통을 시도한다. 이걸 어떻게 해석해야 하는지 알지 못하는 언어학자는 인간 언어와는 다른 차원을 가진 언어의 존재 가능성을 열어두고 이를 해석해 나간다.

영화 속 언어학자는 인간과 다른 발성기관과 언어체계를 가진 외계어를 이해하기 위해서 다음 두 가지가 반드시 필요하다고 주장한다. 첫째, 우리가 모르는 언어를 배우기 위해서는 그 언어를 사용하는 이들과 직접적으로 교류하고 소통하려는 마음을 가져야 한다. 직접적인 교류와 소통 없이는 다른 언어를 이해한다는 것은 불가능하다. 만남이야말로 언어 습득의 출발점이라는 것이 첫 번째 주장이다.

둘째, 우리 인간 언어와 다른 언어를 알기 위해서는 인간 언어를 중심에 두고 생각하는 방식에서 벗어나야 한다. 우리 인간의 귀는 인간의 후두에서 내는 소리를 듣기에 최적화된 기관이라서 인간과

• 영화 <컨택트> 속 외계인의 언어

다른 발성기관을 가진 외계인의 발성을 알아들을 수 없다. 또한 인간 언어와는 다르게 음성과 문자가 서로 무관할 수도 있다. 따라서 인간 언어라는 안경을 벗어던지지 않고는 외계어를 제대로 이해할 수 없다. 영화 속 언어학자의 이러한 조언은 동물의 언어에 대한 이해에도 기본적인 출발점이 될 수 있다.

동물은 인간과 발성기관이 다르기 때문에 인간 언어와는 다른 방식으로 소통할 수밖에 없다. 영장류처럼 손을 가진 동물은 수화 언어를 구사할 수도 있지만, 우리가 함께 지내는 반려동물들은 손이 없기 때문에 수어를 사용할 수도 없다. 이처럼 동물이 가진 신체 조건은 인간과 원만한 대화를 시도하기에는 매우 불리한 형편이다. 이러한 동물과 우리가 함께 사는 세상을 꿈꾸기 위해서는 언어학자의 조언처럼 직접 만나 교류를 계속하면서 소통의 다양한 가능성에 대해 열린 마음을 갖고 서로의 언어에 대한 정보를 늘려가야 한다.

오랫동안 동물학자들과 언어학자들은 동물의 언어에 대한 연구를 진행해 왔다. 이 연구는 동물도 어느 정도의 사고능력은 갖고 있지 않을까 하는 소박한 호기심에서 출발했다. 세계적인 영장류학자이자 동물행동학자인 프란스 드 발(Frans de Waal, 1948~)은 동물들도 사고능력과 의식을 가진 존재임을 여러 실험을 통해 확인하며, "우리는 동물이 얼마나 똑똑한지 알 만큼 충분히 똑똑한가?"라고 스스로에게 되물었다. 물론 동물마다 사고력의 차이는 있고, 동물이 인간처럼 고등한 수준의 사고능력을 가졌다고 단언할 수는 없다. 특히 동물의 사고능력에 대한 연구는 아직 초보적인 수준이라서 어떠한 단언도 부정될 운명을 피하기는 어렵다.

하지만 프란스 드 발의 연구를 통해 우리는 중요한 충고 하나를 듣게 된다. 그는 지금까지 인간이 지극히 인간중심적인 관점에서 동물을 이해했기 때문에 동물을 오해해 왔으며, 이러한 문제를 극복하기 위해서는 관점을 달리할 필요가 있다고 조언한다. 전지적 인간중심의 시점에서 벗어나라는 충고이다. 인간중심주의를 비판하며 동물에 대해 적극적으로 사유했던 몽테뉴에게서도 이런 생각은 발견된다.

"그들(동물)과 우리의 의사소통을 가로막고 있는 결함이, 어째서 그들의 결함이며 우리의 결함은 될 수 없다는 말인가? 인간과 동물이 서로의 말을 이해하지 못하는 것은 여전히 어느 쪽의 잘못 때문이라고 말할 수 없다. 인간도 동물이 인간을 이해하는 정도 밖에는 그들을 이해하지 못하고 있지 않은가. 이런 관점에서 보면, 우리가 동물을 야만적이라고 생각하는 것처럼 동물도 인간을 야만적이라 생각할 수 있다."

—몽테뉴, 『수상록』 중에서

동물과 인간이 서로를 이해하지 못하는 상황은 동물 입장에서 보면 인간의 결함 탓으로 느껴질 수도 있다. 이렇게 보면 영화 속 언어학자처럼 우리가 인간의 관점을 벗어날 때 동물의 언어를 이해할 수 있다는 가정이 성립된다. 우리는 흔히 인류애를 가진 사람을 휴머니스트라고 부르며, 휴머니즘이야말로 우리가 옹호할 만한 최고의 가치를 가진다고 생각한다. 신을 중심으로 사고하던 중세가 끝나고 인간이 중심이 된 근대세계가 시작되면서, 휴머니즘은 인간과 세계를 이해하는 가장 중요한 사상으로 자리 잡아왔다. 이처럼 인간을 중심에 두고 세계를 이해하는 우리에게, 동물의 관점이란 영화 속 외계인의 언어를 통역하는 일처럼 난해할 것이다.

그렇다면 인간의 관점을 벗어나 동물의 관점을 받아들이기 위해서는 어떻게 해야 할까? 영화에서 외계어를 해석하는 언어학자가 '비선형 철자법'이라는 다른 차원의 언어 이해 방식을 소개하듯이, 우리가 동물의 관점을 받아들이기 위해서는 인간 중심의 사고를 고집할 것이 아니라 인간 중심의 사고가 배제하고 무시한 것이 무엇인가를 곰곰이 생각해 볼 필요가 있다. 물론 우리가 한 번도 경험해 보지 않은 '비선형 철자법'이 무엇인지 정확하게 이해하기는 어렵다. 인간의 문자언어가 이차원인 평면에서 사용되는 것과 비교하면 외계어는 삼차원의 공간이 활용된다. 하지만 여기서 우리가 느끼는 당혹감은 마치 왼쪽에서 오른쪽으로 글을 읽는 한국어 사용자가 오른쪽에서 왼쪽으로 글을 읽는 아랍어 문장 앞에서 겪게 되는 혼란과 유사하다. 외계어가 인간 언어와 다르지만 언어를 만드는 물리적인 조건은 차이가 없다. 차원이 다르고 방법이 다를 수는 있지만 우리가 만나는 외계인도 동일한 시공간 안에서 이를 활용하여 자신을 표현한다. 이렇게 보면 동물 언어가 인간 언어와 다르다고 해도 공유하고 있는 물리적 조건이 같다는 점에서 서로 소통할 수 있는 가능성은 얼마든지 열려 있다.

오늘날 철학이나 윤리학에서 말하는 타자(他者, others)란, 나와는 다른 존재이지만 나와 연결되어 있는 존재들을 어떻게 인식해야 할 것인가에 대해 고민하기 시작하면서 강조된 개념이다. 외국인은 한국인이라는 기준에서 보면 타자이며, 여성은 남성이라는 기준에서 보면 타자이다. 하나의 기준을 정하면 기준에서 벗어난 존재는 타자가 된다. 하지만 타자라고 해서 나와 완전히 다른 존재는 아니며, 서로 간에는 공통의 무언가를 가질 수 있다.

따라서 이러한 타자를 이해하기 위해서는 나라는 존재를 나로 인식하게 하는 기준은 무엇이며 이 기준은 어떤 근거로 만들어졌는가를 타자의 관점에서 생각해 보아야 한다. 입장 바꿔 생각해 보라는 뜻을 가진 역지사지(易地思之)라는 말은 타자를 이해하는 출발점이 된다. 이런 생각을 전제로 동물의 사고와 언어를 어떻게 생각해야 할지 고민해 보면, 인간의 언어 체계로는 생각할 수 없었던 동물과의 의미 있는 소통 채널이 생길 수도 있을 것이다.

🐶 개와 고양이를 위한 언어학은 가능할까? 🐱

어린 시절 우리 집에서 기르던 개가 아프면 할머니께서는 말 못하는 짐승이 얼마나 괴롭겠냐며 애를 태우시곤 했다. 함께 사는 동물이 아플 때, 반려인들은 동물이 말을 못하기 때문에 더 가슴이 아프다고 느낀다. 이처럼 동물이 인간 언어인 말을 하지 못한다는 사실은 그들을 연민의 대상으로 바라보게 한다. 하지만 말을 하지 못한다는 사실이 연민의 감정을 자극하기만 하는 것은 아니다.

언어능력은 인간과 동물을 구분 짓는 가장 확실한 근거가 되어 왔다. '인간은 만물의 영장이다'라는 진부한 비유에는 인간이 동물에는 비할 수 없는 높은 수준의 지적 활동을 하는 존재라는 인식이 담겨 있다. 이처럼 언어능력이 인간의 지적 사유를 뒷받침하는 확실한 근거가 되면서, 우리는 사고능력이 곧 언어능력이라고 생각하게 되었다. 인간이라는 종의 탁월함과 독특함은 언어능력에서 비롯한다고 판단하게 된 것이다. 특히 인간의 사고능력 가운데 높은 지적 사고능력은 감각이나 직관이 아니라 이성(理性)이라는 사고력을 가졌기 때문이라고 보았다. 이를 정리하면 '사고=언어= 이성'이라는 등식이 성립된다. 이 등식은 인간이 동물 가운데 가장 높은 위치를 차지하는 데 있어서 기본적인 논거가 되었다. 이 공식에 따르면, 동물은 언어가 없거나 사유능력이 매우 낮아 이성적인 사고를 할 수 없는 존재가 된다. 하지만 과연 동물에게는 사고능력과 언어능력이 없는 것일까?

그동안 많은 동물행동학이나 동물인지학 분야의 연구학자들은 동물의 사유능력을 확인하는 실험을 계속해 왔다. 이를 '동물인지에 관한 실험'이라고 부르는데, 거듭된 실험의 결과를 보면 종에 따라 차이는 있지만 우리가 생각했던 것보다 훨씬 높은 수준의 인지능력이 동물들에게도 있음이 밝혀지고 있다.

프란스 드 발은 『동물의 생각에 관한 생각』이라는 책에서 아프리카 회색앵무인 알렉스의 놀라운 인지능력을 소개하고 있다. 이 앵무새는 인간 언어를 어느 정도 학습한 뒤 뛰어난 사고능력을 보여주었다. 알렉스는 재질과 색이 다른 여러 가지 물체를 앞에 두고 부리와 혀로 이들 물체를 만진 뒤, 특정 물체에 대한 질문을 받

● 아프리카 회색앵무 알렉스는 특수훈련을 통해 단어를 이해하고 숫자와 색깔, 모양을 인식할 수 있었다.(출처: Alex Foundation)

왔다. '모서리가 두 개인 파란색 물체는 무엇으로 만들어졌는가?' 라는 질문에 알렉스는 정확하게 '털실'이라고 답한다. 우리가 생각하는 앵무새에 대한 상식은 인간의 말을 단순히 모방하는 새다. 하지만 단순 모방을 넘어서서, 알렉스는 높은 수준의 기억력과 비교능력을 갖고 있다는 것을 이 실험은 보여준다.

아프리카 회색앵무 알렉스는 특수훈련을 통해 단어를 이해하고 숫자와 색깔, 모양을 인식할 수 있었다. 알렉스의 예를 보면서 우리는 언어가 곧 사고라는 등식이 잘못된 생각일 수도 있다고 회의하게 된다. '사고=언어=이성'이라는 등식에 대한 의심이 시작되는 것이다.

이런 의심 앞에서 우리는 동물 언어에 대한 두 개의 가능성을 생각해 보게 된다. 첫 번째는 동물이 인간 언어와는 다른 형태의 언어를 사용하는 것은 아닐까 하는 생각이다. 가령 영화 〈컨택트〉에서 외계인이 보여준 도형언어처럼 우리가 알지 못하는 또 다른 언어를 그들이 사용하는 것은 아닐까 하는 궁금증을 갖게 된다. 진지하게 고민하지 않더라도 우리가 '개소리'라고 비아냥대는 반려견의 발화음이 일종의 음악언어일 수 있지 않을까 하는 상상이 가능하기 때문이다.

두 번째는 동물의 사고가 인간의 이성적인 사고와 다른 방식으로 체계화되어 있는 것은 아닐까 하는 생각이다. 동물들은 인간 언어와 같은 논리적 문법체계가 아니라 감정언어가 중심이 되는 비논리적 언어체계를 가졌을 수도 있지 않을까 하는 상상도 가능하다.

지금으로서는 이런 가능성들에 대해 어떠한 명쾌한 해명도 가능하지 않다. 어떤 이들은 동물을 그냥 동물로 인정해야지 인간을 기준으로 그들을 이해하려는 것은 또 다른 인간중심주의라고 비판의 목소리를 높인다. 한때 언어학자들도 이런 비판에 공감해서 동물의 언어를 연구하는 것은 무익하고, 인간의 언어와 동물의 의사소통을 비교하는 것은 시간 낭비라고 비아냥거리기도 했다. 하지만 생물학적 종으로 볼 때 인간은 원숭이의 후예이다. 진화론적 관점에서 볼 때 인간과 큰 차이를 보이지 않는 동물이기에, 그들의 언어에 대한 호기심을 멈추기는 어렵다.

무엇보다 인간은 세계와 삶에 대해 무한한 의미를 발견하고 부여하고자 하는 종이다. 따라서 어느새 우리의 가족이 된 동물에 대한 관심은 학문적으로 더욱 깊어질 수밖에 없다. 이런 점에서 다윈의 생각에 발 디디고 서 있는 진화론적 패러다임에 속한 우리에게 개와 고양이를 위한 언어학은 매력적인 탐구 대상이 아닐 수 없다. 누가 알겠는가? 몇십 년 안에 동물이 어떻게 의미를 만들고 소통하는지에 대해 우리가 완전히 이해할 수 있게 될지를.

강아지와 고양이는 인간에 비해 청각과 후각이 발달해 있고, 소리와 냄새를 의사소통의 매체로 활용한다는 사실은 널리 알려져 있다. 최근에는 음성언어학을 전공하는 주잔네 쇠츠(Susanne Schötz, 1965~)라는 학자가 자신이 키우는 고양이와 더 많은 소통을 하기 위해 '고양이 소리의 음성학적 분류표'를 만들어 자신의 저서 『고양이 언어학』에 싣기도 했다. 인터넷에 보면 반려동물 언어 번역기라는 이름을 단 어플리케이션이 여럿 있는데, 이러한 어플은 동물 언어를 구분하려는 인간의 다양한 시도를 보여준다. 이와 관련한 연구가 오랫동안 축적된다면 '향기언어학'이나 '개소리 음성학'도 상상해 볼 수 있을 것이다.

☺ 교감의 언어 😺

지구상에 일반상대성이론을 제대로 이해하는 사람은 열 명도 채 안 된다고 한다. 난해하기로 소문난 상대성이론을 만든 이는 아인슈타인. 어려운 이론을 쉽게 이해할 수 있도록 그는 'E=mc²'이라는 간략한 공식을 만들었다. 물질과 에너지는 서로 전환이 가능하다는 것을 보여주는 이 공식을 통해 우리는 어려운 이론을 쉽게 이해할 수 있게 되었다. 그가 천재적이라는 사실이 이 간단한 공식으로 다시 입증된 것이다. 하지만 천재 중의 천재로 불리는 아인슈타인도, 하나의 공식으로 우리가 우주를 이해할 수 있다고 하더라도 왜 우주가 이런 공식처럼 존재하는지는 이해할 수 없다고 고백한 바 있다. 물리적인 법칙만으로 설명할 수 없는 세계가 이 세상에 있다는 사실을 인정한 것이다.

물리적인 법칙을 벗어난 세계란 인과적인 법칙으로 설명할 수 없는 세계를 말한다. 우리 인간은 이러한 세계를 이성적인 사유를 통해 찾아나가고 싶어 하는 존재이다. 가령 우리 앞에 고양이가 앉아 있고, 우리는 고양이의 품종과 생리, 외모와 기질을 안다고 하자. 이 모든 것을 안다고 해도 눈앞에 보이는 고양이가 왜 여기에 이렇게 존재해야 하는지를 설명할 수는 없다. 이런 한계 때문에 우리 인간은 고양이에 대한 이런저런 생각을 덧붙여 고양이라는 존재를 이해하게 된다. 이성적 추론을 통한 의미 만들기가 시작되는 것이다.

이처럼 우리 인간은 존재하는 것들의 의미를 찾는 존재이고, 이를 가능하게 하는 능력이 '이성'의 능력이다. 이처럼 이성적으로 추론하는 능력에 기대게 되면서 형이상학(形而上學, Metaphysics)* 분야가 점차 강조되었다. 세상의 궁극적인 근거를 찾는 학문인 형이상학이 인간의 탁월함을 입증하는 영역이 된 것이다. 이성에 대한 강한 신뢰를 보이며 분석하고 해석하는 지적 능력을 강조하다 보니, 인간이 세계와 소통하는 또 하나의 방식인 '감각'은 낮은 수준의 것으로 취급되고 말았다. 우리가 몸보다는 정신을 강조하거나 감각적인 것보다 이성적인 것을 우위에 놓고, 직접적인 것보다는 추상적인 것을 수준 높은 것으로 보는 경향은 모두 이러한 인간 이해에서 비롯하였다.

하지만 인간은 구체적인 몸을 가지고 감각을 통해 세계를 인식하는 존재이기도 하다. 이성 중심의 세계에서 인간의 감각은 감정과 함께 무시되고 배제되어 왔다. 감각은 논리적인 설명을 거치지 않고 직감적으로 교감을 가능하게 하는 능력을 가지고 있다. 우리는 동물과 이런 감각적인 경험을 통해 소통하고 교감을 쌓게 된다.

---

* 눈에 보이는 사물이나 현상을 연구하는 것이 아니라 눈에 보이지 않는 세계의 본질과 존재의 근본 원리를 연구하는 철학의 한 분야이다. 아리스토텔레스는 제1철학이라고 불렀는데, 시시각각 변하는 경험 세계가 아니라 이를 초월하여 불변하는 존재의 궁극적인 원인을 연구하는 학문을 일컫는다.

실제로 비언어적인 의사소통은 인간의 의사소통에서도 매우 중요한 하나의 방식으로 인식되고 있다. 낯선 이민족의 문화를 연구하면서 발전하게 된 문화인류학 분야에서는 비언어적 의사소통이 특히 강조된다. 자신이 연구하는 집단의 언어를 전혀 모르는 문화인류학자들은 그들의 의사소통 방식을 이해하기 위해 세심한 관찰을 하면서 대상 집단을 이해해 나간다. 대표적인 비언어적 의사소통의 하나인 몸짓에는 많은 문화적 의미가 담겨 있고 의사소통의 정보가 담겨 있기 때문이다.

세계화로 인해 외국인을 만나는 기회가 많아진 우리는 서로의 언어를 전혀 모르는 외국인과 만나면 손짓 발짓을 동원하면서 의사소통을 한다. 음성언어나 문자언어가 아닌 다른 방식의 언어가 존재할 수 있다는 것을 이와 같은 비언어 의사소통은 잘 보여준다. 언어학에서는 인간의 의사소통에서 비언어적 요소가 차지하는 비중이 60퍼센트 이상이라고 한다. 이 수치는 우리가 감각의 언어를 소중하게 인식해야 하는 이유를 말해 준다.

동물의 몸짓은 그 자체로 의미 있는 신호이다. 강아지가 하품을 하면 졸린 게 아니라 불안하거나 위급한 상황에서 스트레스를 받고 있다는 신호이고, 고양이가 털을 부풀리면서 꼬리를 꼿꼿하게 세우면 경계심을 드러내는 표시임은 널리 알려져 있다. 동물은 말없이 자신의 의사를 표현하는 비언어 의사소통을 하고 있는 것이다. 이처럼 몸짓언어를 사용한 의사소통에서도 침묵의 언어는 중요한 기능을 한다.

작가 엘리아스 카네티(Elias Canetti, 1905~1994)의 "모든 언어는 자신만의 고유한 침묵을 가지고 있다"라는 말은 동물의 언어에도 적용된다. 동물도 침묵을 통해 무언가를 표현하기 때문이다. 인간과 마찬가지로 동물에게도 침묵은 공포나 불안의 표현이기도 하고 평화와 권태의 표현이기도 하다. 여기서 중요한 것은 침묵이 놓인 맥락이다. 인간 언어에서도 그러하듯 맥락은 모든 의사소통의 전제로서 기능한다. 우리가 맥락을 놓치고 하나의 행위를 이해한다면 그것은 오해가 될 가능성이 매우 높다.

이런 점에서 동물들과의 의사소통은 우리가 그동안 소홀하게 생각했던 몸짓과 침묵에 대해서 세심하게 관찰하고 반응하는 능력을 요구한다. 이 능력은 동물들과의 사려 깊은 사귐에서 각별하게 요구되는 태도이다.

집사를 자처한 반려인이라면 동물과 신체적인 접촉을 통해 교감하는 일을 즐길 것이다. 신체적 접촉은 인간의 머리에서 인식의 과정을 거치게 되는 지각과는 달리 매우 직접적이다. 이런 점에서 감각을 통한 소통은 의식적인 소통보다 정서적인 교감을 깊게 쌓는다. 인간은 의식을 통해 세계를 받아들이고 해석하기도 하지만, 몸을 통해 세계를 이해하고 기억하기도 한다.

따라서 동물과의 신체적 접촉은 논리적 언어를 통한 소통 이상의 무의식적 교감을 가능하게 해준다. 마음의 상처로 인해 세상과

소통하는 데 어려움을 겪는 환자들에게 치유견(therapy dog)이 얼마나 큰 위로가 되는지에 대해서는 널리 알려져 있다. 말이 가하는 상처로 인해 고통 받는 우리 인간에게 동물의 말없는 자기표현 방식은 깊고 다정한 교감을 나누는 시간을 선물한다. 교감의 언어야말로 동물의 모국어라 할 수 있다.

🐶 반려어사전 만들기 🐱

언어는 우리의 생각을 담는 그릇이다. 그릇이 없다고 그릇에 담아낼 음식조차 없는 것은 아니듯이, 언어가 없다고 생각이 없는 것은 아니다. 하지만 일반적으로 풍부한 어휘구사력을 가진 사람이 그렇지 못한 사람보다 사고의 폭이 넓다는 것을 우리는 경험적으로 안다. 언어의 양이 곧바로 생각의 질을 결정하는 것은 아니지만, 적어도 언어의 양이 생각의 양과 비례한다는 점은 부정할 수 없다.

우리가 특정 대상에 대해 깊이 생각하다 보면 그것은 대상에 대한 생각을 담는 새로운 언어로 표현되곤 한다. 동물들과의 아름다운 공존을 위해서는 기존의 인간과 동물이라는 이분법에서 벗어날 필요가 있는데, 그 출발점이 반려동물과의 관계를 담아내는 새로운 표현을 만드는 일일 수 있다.

언어학자 촘스키(Noam Chomsky, 1928~)는 인간이 학습하지 않아도 선천적으로 언어능력을 갖고 있다고 보았다. 『언어본능』이라는 책으로 널리 알려진 언어심리학자 스티븐 핑커(Steven Pinker, 1954~)도 우리의 마음은 언어를 만드는 능력을 가지고 있다고 주장한다. 이러한 입장은 오늘날 언어를 바라보는 보편적인 시각이 되고 있지만, 이들의 주장이 새로운 인식을 만들기 위해서는 새로운 말이 필요하다는 것을 부정하지는 않는다.

새 술은 새 부대에 담아야 한다는 생각은 인류의 고전인 성경에서부터 강조되어 왔다. 말은 인간의 생각을 반영하기도 하지만 새로운 인식을 만드는 힘이 될 수도 있다. '갑질'이라는 말이 생기면서 우리는 권력의 우위에 있는 사람이 약자에서 부당한 행위를 하는 것에 대해 관심을 가졌고 이에 대해 사회적 성찰을 하기에 이르렀다.

이처럼 말에는 의식하지 못했던 점을 명확하게 생각할 수 있는 힘이 있다. 따라서 반려동물과의 아름다운 공존을 위해서는 이러한 현실을 담아내는 새로운 말을 만드는 일도 중요하다. 반려동물과 함께 살아가는 반려사회를 만들고자 하는 애정과 생각을 담은 말을 '반려어'라고 이름 붙인다면, 이러한 반려어의 언어 환경은 어떠할까?

오늘날 반려인들은 대체로 동물을 가족으로 받아들이고 있다. 반려동물과의 관계를 혈연관계로 가정하고, 이들에 대한 호칭도

친족 호칭을 사용하는 것이 일반적이다. 이러한 가족화 현상은 동물을 의인화하여 친밀감을 높이는 효과도 있지만, 동물을 지나치게 인간의 시각에서 이해하는 문제점도 갖고 있다. 이런 맥락에서 동물의 본성이나 행동 특성을 제대로 이해하기 위해서는 새로운 호칭이 필요하다는 주장도 제기될 수 있다.

　반려인구가 점차 늘어나면서 새로운 반려어가 많이 생겨나고 있다. 반려동물의 죽음을 뜻하는 '무지개 다리를 건넜다'는 표현이나 반려동물을 키우는 사람을 '집사'라고 부른다는 것은 이미 널리 알려졌다. 강아지를 '댕댕이'로, 아기고양이를 '아깽이'로 부르는 것은, 처음에는 반려인들만 사용하던 일종의 은어였지만 이제는 대중적으로 사용되기에 이르렀다. 마약방석, 꾹꾹이, 멍줍, 개춘기, 개냥이, 감자 등도 많이 쓰는 반려어이다.

　반려인구가 늘어나고 반려 어휘가 많아지자 반려어사전이 만들어지기 시작했다. 포털사이트 네이버의 '동물공감'에 연재된 반려동물 콘텐츠는 사전이라는 이름을 달고 하나로 묶이기도 했다. 표제어가 90개가 넘는 〈다시 쓰는 개 사전〉과 〈다시 쓰는 고양이 사전〉이 그것이다. 이런 추세라면 몇몇 반려어는 공식적으로 국어사전에 등재되고 상당한 분량을 자랑하는 반려어사전이 편찬될 날을 기대하는 것도 어렵지 않을 듯하다. 〈우리개 큰사전〉이나 〈옥스포드 고양이사전〉 같은 반려어사전이 출간될 날이 먼 미래의 일만은 아닐 것이다.

😺 할 말 하는 강아지, 시 쓰는 고양이를 꿈꾸는 일 😺

어느새 우리 곁에 온 동물은 온몸으로 우리에게 말을 건네고 있는지도 모를 일이다. 하지만 우리는 인간의 인식체계 안에서 세계를 바라보기 때문에 그들의 언어를 제대로 이해하지 못하는 것은 아닐까? 언어가 인간만이 가진 전유물이라고 자만하고 있는 동안, 우리는 아름다운 이웃과의 따뜻한 대화를 상상하는 일에 지나치게 무심했던 것은 아닐까?

오랜 세월 동안 우리 인간은 공존의 기억들을 역사와 문화로 만들어왔다. 하지만 이러한 경험은 그냥 주어지는 것이 아니라 끊임없는 성찰을 통해 공존의 방법을 배웠기에 가능했다. 동물들과 공존하는 방법을 배우는 일은 어떻게 소통해야 하는지를 배우는 일에서부터 출발한다. 이를 위해서는 우선적으로 개와 고양이의 언어에 담긴 문법까지는 이해할 수 없다고 하더라도 공손과 배려를 곁들인 화법 정도는 배워야 할 것이다.

서로에게 힘이 되는 공생의 태도로 서로에 대한 이해를 넓혀나간다면 언젠가는 자기 의사를 표현하는 할 말 하는 강아지, 시 쓰고 노래하는 고양이를 만나게 될 날이 오지 말라는 법이 있겠는가? 상상력과 공감능력을 발휘하며 살아온 우리 인간이 얼마나 많은 타자들과 공생을 학습해 왔는지 기억해 보는 것도 좋은 자세일 수 있다. 이런 위대한 역사에 발 디디고 서 있는 우리가, 말 못하는 동물에게 말로는 도저히 표현할 수 없는 애정을 전달하기 위해서는 다만 인간 언어라는 생각의 감옥에서 탈옥할 용기가 필요할 뿐이다.

....

✒ '인간도 동물'이라는 입장과 '인간은 동물과 다르다'는 두 입장 가운데 자
신이 지지하는 입장이 무엇인지 생각해 보고, 논리적 근거를 들어 인간과 동
물의 관계를 어떻게 설정하는 것이 옳은지 토론해 보자.

✒ 인류 역사에서 여성과 흑인은 오랜 시간 독립된 인격체로 인식되지 못하
고 사회적 타자로 존재했지만 여성해방운동과 흑인인권운동을 거치며 오늘
날에 이르게 되었다. 이와 같은 공생의 사례와 과정을 살펴보고, 동물에 대한
인식에 적용하여 동물과의 공생을 학습할 수 있는 실천방안을 모색해 보자.

마음을 열면
감정이 전해진다

장은영
조선대학교 기초교육대학 교수

😺 마마와 얀의 마지막 인사 🐱

마마(Mama)와 얀의 마지막 인사는 인간과 동물의 우정을 보여주는 유명한 일화이다. 2016년 네덜란드 왕립 뷔르허르스(Burgers) 동물원에서 있었던 일이다. 침팬지 무리의 여왕으로서 권력을 누리며 살았던 침팬지 마마는 59세를 앞둔 고령의 몸이 되어 음식도 먹지 못한 채 죽음을 기다리듯 누워 있었다. 40년 전 마마가 동물원에 왔을 때부터 알고 지내던 영장류학자 얀 판 호프(Jan van Hooff, 1936~)는 마마가 죽음에 임박했다는 소식을 듣고 작별 인사를 건네기 위해 동물원에 왔다.

얀이 마마의 우리 안으로 들어갔을 때 놀라운 일이 벌어졌다. 눈도 겨우 뜰 정도로 기력이 없던 마마가 얀을 알아보고는 얼굴 가득 미소를 지으며 활기를 되찾기 시작한 것이다. 마마는 오랜만에 친구를 만나 기쁨에 겨운 듯 얀의 머리를 쓰다듬고 손가락으로 얀을 살짝 두드리며 인사를 건넸다. 얀이 자신의 휴대전화로 촬영한 몇 분짜리 영상에 불과하지만 마마와 얀의 마지막 인사는 네덜란드 국영방송을 통해 세상에 알려졌고 그 장면을 본 사람들은 벅찬 감동에 빠졌다.[∗]

이 영상이 사람들에게 감동을 준 까닭은 무엇일까? 마마의 행

∗ <Jan van Hooff visits chimpanzee "Mama", 59 yrs old and very sick. Emotional meeting>, 2016. 5. 12, https://youtu.be/INa-oOAexno

동이 마치 오랜 친구를 만난 인간의 모습처럼 보였기 때문일까? 우리는 마마의 행동을 침팬지에 관한 객관적 지식을 동원해 설명해 볼 수도 있다. 가령 침팬지들이 입술을 말아 올리는 것은 기분이 좋을 때 나타나는 조건 반사적 표정이며, 상대를 안고 손가락을 두드리는 것은 새끼를 달래거나 안심시킬 때 사용하는 제스처로 알려져 있다. 이러한 정보를 바탕으로 마마의 행동을 설명하자면 마마는 얀을 인지하고 기분이 좋다는 조건 반사적 표현을 했고, 얀을 안심시키려는 본능적 행동을 보였다고 서술할 수 있다. 그러나 이러한 설명이 그리 감동적으로 느껴지지는 않는다.

힘없이 축 늘어져 있다가 잠시나마 생기를 되찾은 마마의 표정이 객관적으로 어떤 의미인가에 대한 설명에 감동을 느끼는 사람이 많지는 않을 것이다. 동물의 행동을 이해하기 위해서 객관적이고 논리정연한 과학적 접근이 중요한 것은 사실이지만 그것만이 동물의 행동을 이해하는 필요충분조건이라고 말하기는 어렵다. 행동은 종적 특징이나 호르몬, 지능 등 생물학적 요소들만의 결과물이 아니기 때문이다. 그래서 마마의 행동을 생물학적 지식으로만 설명하면 충분히 공감하기 어렵게 된다.

우리가 마마와 얀의 영상을 보고 감동하는 이유는 영원한 이별을 앞둔 마지막 포옹에서 서로를 소중하게 여기는 두 존재의 마음에 공감하기 때문이다. 마마와 얀은 같은 언어로 말해 본 적이 없지만 표정과 행동을 통해 종차를 넘어서는 어떤 감정을 교감한다.

마마가 느낀 것이 무엇인지 인간의 언어로 규정할 수는 없어도 마마의 행동은 얀과의 관계 속에서 형성된 신뢰와 애정에서 우러나온 것임을 알 수 있다. 이 두 존재의 만남을 명명할 때 우정이라는 말보다 더 적절한 것은 없을 것 같다.

교감이 서로의 감정이 맞닿는 경험이라면 공감은 상대방의 입장에서 상대가 느끼는 감정을 경험하는 것이다. 두 가지 모두 양자가 감정을 지닌 존재임을 전제로 하는 상호적인 현상이다. 물론 인간의 감정과 동물의 감정이 동일한 경향이나 특징을 가지는 것은 아니지만 감정을 지닌 존재로서 인간과 동물은 교감을 나누고 서로의 슬픔과 고통에 공감하기도 하면서 살아간다.

반려동물이 반려인의 마음을 완벽히 헤아릴 수는 없겠지만, 그들은 반려인의 표정과 목소리, 행동을 통해 반려인이 즐거운지 슬픈지를 감지한다. 동물에 관한 연구들이 밝히고 있듯이 동물들에게도 감정이 존재한다는 것은 부인할 수 없는 사실이다. 동물의 행동을 관찰하는 연구자들은 어떤 행동을 표출하게 하는 감정이 동물들로 하여금 무리 안에서 적절한 관계를 유지하며 더 잘 생존할 수 있도록 만들어준다고 한다. 마마가 보여준 것처럼 감정을 드러내는 행동은 동물도 다른 존재와의 관계 속에서 살아가는 존재임을 말해 준다. 그리고 인간과 동물의 감정의 차이는 무엇인지, 현실의 삶에서 인간과 반려동물의 관계는 어떤 모습이어야 하는지를 곰곰이 생각해 보게 한다.

😺 인간의 감정과 동물의 감정 😺

  감정은 어떤 현상이나 사건을 접했을 때 가지게 되는 쾌, 불쾌 등의 반응으로 느낌, 기분, 마음 상태 등과 유사한 의미로 사용된다. 감정은 내적 충동이 현실이라는 외부 상황과 만날 때 드러나는 일련의 행동이라고 정의되기도 한다. 여기서 알 수 있는 것은 감정이 개인의 주관적인 영역인 동시에 사회적인 영역에 걸쳐 있다는 사실이다.

  감정이 발생하는 원인에는 생리적이고 신체적인 요소나 심리적인 요소 외에도 사회적이고 문화적인 요소들이 뒤섞여 있다. 그렇기 때문에 감정을 연구하는 학자들은 감정이 무엇인지 정의하는 일이 어렵다고 말한다. 울고 있는 사람을 보면 슬픈 상태임을 짐작하듯이 감정에는 보편성도 있지만 한편으로 감정은 시대마다 다르게 정의되어 왔으며 감정의 종류와 표현 양식도 문화권마다 다르다. 감정이 갖는 가치와 중요성도 다르게 받아들여져 왔다.

  고대 그리스 철학자 플라톤(Platon, BC 428~347)은 감정이 충동적이고 비이성적이라고 생각했다. 이성을 통해 진리에 다다를 수 있다고 생각한 그는 감정을 자극하여 이성적 삶을 위협하는 음악이나 시와 같은 예술을 경계해야 한다고 말했다. 반면에 아리스토텔레스(Aristoteles, BC 384~322)는 비극이 주는 감정의 카타르시스가 우리의 몸과 마음을 정화하는 작용을 한다고 주장하기도 했다.

이성과 감정은 대립적이고 위계적인 두 영역으로 인식되기도 했는데, 그 정점은 근대 철학자 데카르트(René Descartes, 1596~1650)의 이원론적 세계관에 있다. 이원론적 세계관은 정신과 물질, 이성과 감정, 인간과 자연처럼 세계를 대립되는 두 항으로 나누어 파악하는 관념이다. 이원론적 관점에서 보면 자연은 인간의 이성을 통해 파악되어야 할 물질적 대상이었으며, 감정 또한 이성에 의해 통제되어야 하는 본능의 한 측면에 불과했다.

산업과 학문이 발달한 근대 사회에서 이성은 인간을 인간으로 만들어주는 위대한 능력이라고 생각되었다. 슬기롭고 지혜로운 사람이라는 뜻을 지닌 호모 사피엔스(Homo sapiens)라는 학명 역시 현생 인류가 이성적 능력을 지닌 존재라는 점을 시사하는 표현이다. 합리적인 사고를 가능하게 한 이성은 인간의 우월함을 보여주는 증거였기에 근대 문명이 발달할수록 이성의 권위는 높아졌고, 반대로 불안정하고 유동적인 감정은 훈육과 수양을 통해 통제해야 할 대상으로 여겨졌다. 정신분석의 창시자로 알려진 지그문트 프로이트(Sigmund Freud, 1856~1939) 역시 감정이 자아(ego)가 아닌 이드(id)의 일부라고 파악했다. 자아가 이성적인 영역이라면 이드는 무의식적, 본능적 영역이며 생물학적 기능을 하는 본능적 에너지라고 할 수 있다. 프로이트는 감정을 이성적 자아와 상반되는 통제할 수 없는 충동적 힘으로 보았다.

지금도 이성은 인간이 지닌 우월한 능력이자 동물과 인간의 종적 차이를 보여주는 한 증표라는 점에는 별 이견이 없다. 다만 근대의 이원론적 세계관을 벗어나게 되면서 현대인들은 인간이 이성과 감정 모두를 지닌 존재라는 점을 점차 인정하고 받아들이게 되었다.

　20세기 후반에 이르러 철학, 심리학, 인류학 등의 학문 분야에서는 감정의 중요성을 인정하며 감정의 형성이나 작동 방식을 연구하기 시작했다. 뇌과학이나 인지심리학 등 현대 학문은 이성과 상호작용하는 감정의 기능을 연구했고 감정이 의사결정이나 기억에도 결정적 역할을 한다는 점을 밝혔다. 감정에 주목한 사회학자들은 개인과 사회의 매개로써 감정을 연구했으며 감정이 계급구조나 사회적 행위 등과 연계되어 있음을 규명하고자 했다. 감정은 이제 통제의 대상이 아니라 이성과 더불어 인간을 사회적 존재로 만드는 중요한 요소로 받아들여지고 있다. 사회학자 에바 일루즈(Eva Illouz, 1961~)의 말처럼 현대인에게 감정은 "우리로 하여금 행동으로 나아가게 하는 에너지"이자 자아를 형성하고 삶의 방식의 토대를 이룬다. 자본주의 사회에서 살아가는 인간은 호모 센티멘탈리스(Homo sentimentális)*로서 자신의 감정을 통제하고 관리하는 한편, 타인

---

* 감정이 인간의 삶에서 중요한 가치를 가지며, 감정의 표출이나 감정을 다루는 태도가 인간의 한 특성임을 일컫는 말이다. 에바 일루즈에 의하면, 자본주의가 발달하면서 개인은 자신의 감정뿐만 아니라 타인의 감정까지도 일종의 자본으로 활용해야 하는 상황에 놓여있게 되었다. 이에 따라 스스로의 감정을 통제하고 관리하는 능력과 타인의 감정을 정확히 파악하는 능력이 중요하게 여겨지고 있다.

의 감정을 파악함으로써 사회적 지위를 유지하며 살아가고 있다. 감정은 인간으로 하여금 사회적 존재로 살아가게 만드는 동력인 것이다.

　현대 학문 분야에서 인간의 감정이 화두가 된 것과 더불어 생물학계에서도 동물의 감정에 다시금 주목하고 있다. 사실 오래전에 동물과 인간이 드러내는 감정의 유사성에 주목하고 이를 연구했던 장본인은 진화론의 창시자인 찰스 다윈(Charles Robert Darwin, 1809~1882)이다. 다윈은 『인간과 동물의 감정 표현에 대하여』에서 포유류가 특정한 상황에서 인간과 유사한 감정 상태를 경험한다는 것을 증명하고자 했다. 인간과 동물의 행동 비교 연구를 진행했던 그는 인간과 고등 동물의 정신 능력에 기본적인 차이가 있지만 인간과 동물 사이에는 진화적 연속성이 있으며 인간에게 나타나는 기본 감정과 표현이 동물들에게도 나타난다고 말했다.

　"인간이나 다른 모든 동물들은 각각 독립된 창조물로서 그들이 나타내는 표현의 근본 원인을 밝히고자 하는 원초적 욕망은 끊임없이 전개되어 왔다. 인간도 과거에는 현재의 동물과 같은 생활환경에 처해 있었기 때문에 극도로 공포스러운 순간 머리를 곤두세운다거나 격분하였을 때 이빨을 드러내는 행동을 했던 것처럼 표현의 근본 원인을 자연의 역사 속에서 찾아볼 수 있다. 사람이나 원숭이가 웃을 때 안면 근육의 움직임이 유사한 것은 조상으로부터의 혈통이 같다는 측면에서 생각하면 훨씬 쉽게 이해할 수 있다."

— 찰스 다윈, 『인간과 동물의 감정 표현에 대하여』 중에서

　다윈은 포유동물들이 불안, 슬픔, 우울, 절망, 기쁨, 사랑 등의 기본 감정을 경험하며, 이러한 감정은 생존과 번식에 도움을 주고 진화를 용이하게 만들어왔다고 주장했다. 인간에게 마찬가지로 동물에게도 감정을 표현하는 행동은 다른 개체와 함께 살아가는 동물의 생존에 중요한 역할을 한다. 반려동물과 함께 살아본 경험이 있다면 알 수 있듯이 반려동물들도 자신에게 친절한 사람에게는 꼬리를 흔들며 친근함을 표시하지만 자신에게 무관심한 사람에게는 역시 무관심하다. 또는 자신에게 화를 내거나 폭력을 가했던 사람을 만나면 뒷걸음질 치고 온몸을 떨기도 하면서 공포와 불안을 드러낸다. 반려인이 오랫동안 집을 비웠다가 돌아오면 평소보다 더 격렬하게 꼬리를 흔들며 격한 감정을 표현하기도 한다. 아무리 보아도 그들의 행동을 본능적인 조건 반사로만 보기는 어렵다. 인간의 감정 표현과 행동이 그렇듯이 그들의 행동도 상호적인 관계를 지향한다. 반려인의 입장에서 보자면 반려동물의 행동은 반려인을 향해 말을 건네고 메시지를 전달하는 소통 행위이다.

　인간과 함께 사는 반려동물들만이 감정을 표현하며 소통할 줄 아는 것은 아니다. 몇 가지 야생동물들의 사례만 보더라도 동물들의 섬세한 감정표현과 소통 능력은 놀라움을 금치 못하게 한다.

다양한 감정을 지닌 것으로 알려진 대표적 동물은 코끼리이다. 무리 생활을 하는 코끼리들은 강한 협동심을 지닌 것으로 유명하다. 강을 건너다가 급류에 떠내려가는 새끼를 구하기 위해 세 마리의 코끼리가 새끼를 둘러싼 채 강을 건너는 장면이나 웅덩이에 빠진 동료를 구하기 위해 여러 마리의 코끼리들이 힘을 합쳐 건져내는 영상은 인터넷에서 쉽게 찾아볼 수 있다. 그들은 자기 무리의 일원이 위험하다고 느꼈을 때 그에 대응하여 집단적 행동을 취하고 함께 문제를 해결한다.

코끼리들은 죽음에 대해서도 특별한 행동을 보인다. 스리랑카의 야생동물 보호구역에서는 리더 코끼리가 죽자 300마리 이상의 코끼리들이 찾아와 조의를 표하듯 죽은 코끼리의 몸을 구석구석 쓰다듬는 모습이 목격되었다. 또 다른 예로 죽은 아기 코끼리를 애도하는 코끼리 행렬이 인도 산림경비대원에 의해 촬영된 적도 있다. 어미로 보이는 코끼리가 죽은 아기 코끼리를 코로 받쳐 들고 앞장서자 한 무리의 코끼리가 그 뒤를 따르는 모습은 엄숙한 장례 행렬처럼 보인다.

상실의 슬픔이 죽음으로 이어진 경우도 있다. 어미 침팬지가 죽자 수척한 모습으로 어미 곁을 맴돌다가 결국 죽음에 이른 새끼 침팬지 플린트(Flint)의 사인(死因)은 명확히 밝혀지지 않았다고 한다. 침팬지의 어머니이자 동물보호 운동가로 알려진 동물행동학자 제인 구달(Jane Morris Goodall, 1934~)은 이 죽음의 원인이 슬픔과 공허함이라고 추측했다. 제인 구달이 보기에 플린트의 사인은 어미를 잃은 마음의 상처에서 온 것이다.

동물에게 감정이 존재한다는 증거는 얼마든지 존재한다. 그러나 동물의 감정에 관해서 이야기할 때 우리가 관심을 기울여야 할 점은 동물에게 감정이 있는가 없는가, 혹은 동물의 감정이 인간과 같은가 다른가 하는 양자택일의 주장들이 아니다. 그보다는 감정을 지닌 존재로서 행동하는 동물을 바라보는 인간의 태도와 관점을 생각해 보는 것이 더 중요한 문제가 아닐까?

감정과 행동은 관계와 소통의 과정 속에서 표현되고 이해된다. 과학의 한 분야인 동물행동학에서도 제기하듯이 동물의 감정에 대한 논의는 생명과 감정을 지닌 한 개체를 대하는 우리들의 태도를 돌아보는 데서 출발한다. 동물의 감정을 이야기한다는 것은 그들이 우리와 공감할 수 있는 존재임을 인정하는 것이기 때문이다.

🐶 동물행동학이 이끈 생각의 변화 😺

인간과 동물의 감정을 진화론적 연속성에서 설명했던 다윈의 주장은 현대 과학자들의 큰 호응을 얻지 못했다. 과학자들은 인간과 다른 동물의 습성이나 해부학적 사실 등 객관적으로 증명 가능한 사실에 더 주목했기 때문이다. 근대 생물학이 발전하는 동안 실험과 연구의 대상인 동물들에게는 이름 대신 번호가 붙여졌고, 동물의 행동은 본능적인 반사 행동으로 간주되었다. 동물의 감정은 중요한 고려 대상이 아니었다. 객관성을 중시하는 과학적 연구 환경 속에서 동물은 생명을 가진 사물처럼 대상화되기도 했다. 도구로 전락한 동물은 인간을 위한 의약품이나 화장품 등을 개발하는 데 필요한 실험 도구로도 사용되어 왔다. 지금도 어딘가에선 동물 실험이 진행 중이다.

　동물의 감정에 대한 과학계의 태도가 변화하기 시작한 것은 동물행동학의 진전 덕분이다. 20세기 초 동물학의 한 분야로 등장한 동물행동학은 행동과 습성에 대한 관찰을 토대로 동물을 연구하는 학문 분야이다. 동물의 특정한 행동이 본능에 의한 반사적 행동만이 아니라 관계와 종족을 유지시키고 생존 가능성을 넓히는 쪽으로 작용한다는 점을 확인하게 되면서 동물의 행동에 관한 연구는 해부학적 구조나 유전적 특징 등 생물학적 특질들 외에도 행동, 얼굴 표정, 발성, 감각 등을 관찰하며 연구 범위를 넓혀왔다.

　동물행동학에서 말하는 감정(emotion)이란 내면의 주관적 상태인 느낌(feeling)과 달리 어떤 행동을 하게 만드는 신체적이고 정신적인 상태를 말한다. 동물행동학자들은 동물의 감정을 일차적 감정(primary emotion)과 이차적 감정(secondary emotion)으로 구분한다. 동물행동학자 마크 베코프(Marc Bekoff, 1945~)에 따르면 일차적 감정은 근본적이고 선천적인 감정으로, 위험을 직감했을 때 느끼는 두려움이나 공포와 같은 것이다. 일차적 감정은 의식적인 사고를 동반하지 않는 감정의 영역인 반면 이차적 감정은 경험적이고 평가적인 경향을 띤다. 어떤 상황에서 어떤 행동이 최선의 행동이 될 것인지를 생각하며 반성적으로 나타나는 감정이다. 일부 학자들은 어떤 동물이 일차적 감정을 갖는지, 이차적 감정을 갖는지 구분하는 경우도 있지만 그 구분이 명확하지는 않다. 포유류에 속한 동물들 대부분이 일차 감정에 필요한 변연계(limbic system)*를 공유하고 있으며 영장류는 이차 감정에 필요한 대뇌피질**의 영역을 지닌다고 보는 견해도 있다.

동물의 감정 문제에 있어서 동물행동학자들이 뇌구조에 관한 신경과학적 지식보다 중요하게 여기는 것은 감정이 표출되는 행동의 영역이다. 동물의 감정은 행동에 대한 관찰을 토대로 추측되는데, 동물의 신체 외부로 표출된 표정이나 행동의 특징은 그들이 무엇을 느끼고 있는지, 특정한 표정과 행동을 나타나게 만든 감정적 동기가 무엇인지에 대한 실마리를 제공한다. 그 실마리를 좇아서 동

---

* 해마, 편도체 등의 구조물로 구성된 뇌의 기능적 영역이다. 주요 기능은 감정의 형성과 조절, 기억의 저장과 검색 등이다. 외부 상황과 자극에 반응하면서 경험하는 일차 감정을 상위의 뇌로 전달한다.

** 대뇌 반구의 표면을 덮고 있는 주름 잡힌 회백질의 얇은 세포층으로, 감각영역과 운동영역 그리고 이 두 영역을 연결하는 연합영역으로 이루어져 있다. 전체 뇌 무게의 40퍼센트에 달하며, 일차 감정이 발생한 후에 여러 판단을 거쳐 추가로 발생하는 이차 감정에 관여한다.

물행동학자들이 밝힌 동물의 감정은 인간의 감정만큼이나 다채롭다. 동물의 감정 연구는 인간과 닮은 영장류나 개, 고양이 같은 일반적인 반려동물에 국한되지 않고 야생 동물까지도 대상으로 한다. 예컨대 청소년기에 서열 다툼에서 패배한 경험이 있는 수컷 기니피그들은 성체가 되어도 소심하고 두려움 가득한 행동을 보인다고 한다. 뉴질랜드에 사는 케아앵무는 다른 앵무들의 낮고 부드러운 지저귐에 웃음을 터트린다는 연구도 발표된 적 있으며, 물고기도 고통과 공포를 경험한다는 연구도 진행된 바 있다.

동물의 감정에 대한 연구는 양적으로나 질적으로 확장되고 있다. 다양한 학문 분야와 융합하는 동물행동에 관한 연구는 동물이라는 존재에 대한 앎과 이해를 넓힐 뿐만 아니라 동물의 행동이 본능에 따른다고 간주했던 우리의 앎과 태도는 타당한 것인가를 묻는다. 예를 들어 동물의 성은 번식을 위한 본능적 행위라고 간주하는 인식에 이의를 제기하며 동물행동학자 프란스 드 발은 이렇게 이야기한다.

"교미를 하려면, 성이 서로 다른 구성원들이 만나야 하고, 서로에게 끌려야 하고, 서로를 신뢰해야 하고, 흥분을 느껴야 한다. 모든 행동에는 나름의 메커니즘이 있는데, 여기에 감정이 관여한다. 교미를 하려면, 적절한 호르몬 조건과 성적 욕구, 배우자 선호, 적합성, 심지어 사랑이 필요하다. 이것은 우리와 마찬가지로 동물에게도 성립한다. 흥미롭게도 사랑과 애착은 인간의 기본적인 감정으로 언급되는 일이 드물지만, 내게는 이것들이 모든 사회적 동물들에게 필수적인 것으로 보인다. 단지 성관계 맥락에서만 그런 게 아니다."

―프란스 드 발, 『동물의 감정에 관한 생각』 중에서

프란스 드 발이 주목하는 것은 인간과 마찬가지로 동물들에게도 다양한 유대 관계가 있다는 점이다. 그는 일부일처제처럼 지속되는 암수 관계나 포유류들의 특징인 어미와 자식 간의 유대 관계 등 동물들의 삶에서 필요한 관계를 유지시키는 데에는 감정이 개입한다고 주장한다. 동물의 사회화와 개인성을 연구한 동물행동학자 노르베르트 작서(Norbert Sachser, 1954~)도 개체들이 사회적으로 성숙해지고 다양한 감정을 가지려면 어릴 때부터 다른 개체들과 깊은 관계를 맺어야 한다는 사실을 언급했다. 요컨대 동물의 감정이 얼마나 발달했는가를 판단할 때 포유류냐, 영장류냐 하는 분류보다 더 중요한 것은 각 개체들이 얼마나 안정적인 유대 관계 속에서 사회화되었는가라는 점이다.

동물행동학적 관점에서 본다면 인간과 함께 살아가는 반려동물이 반려인들과 기쁨과 슬픔 등의 감정을 공유하고 우정을 나누며 살아가는 존재라는 사실은 그들이 인간과 함께 살아오면서 사회화되었음을 말해 준다. 그들이 원한 건 아니었지만 인간의 요청에 의해 반려동물은 자신의 무리가 아닌 인간들과 종을 넘어선 유대 관계를 맺으며 살아간다. 반려동물을 돌보기 위해 반려인이 쏟는 노력 못지않게 그들도 반려인과 함께 살아가기 위해 그들 나름의 경쟁과 협동을 수행하면서 인간과 함께하는 삶에 적응하고 있다. 반려동물들도 감정을 지닌 존재로서 다른 존재들과의 관계 속에서 행복해지기 위해 노력하며 살아가는 존재이다.

😺 동물도 웃는다 🐱

동물이 감정을 느끼는 존재임을 인정한다는 것은 어떤 의미일까? 이 질문에 답해 줄 만한 흥미로운 일화가 하나 있다.

제인 구달은 1960년 탄자니아의 곰베(Gombe) 국립공원에서 침팬지들을 연구할 기회를 얻게 되었다. 침팬지에 대한 남다른 열정 덕분에 구달은 학사나 석사 과정을 거치지 않고 케임브리지대학 동물행동학 박사 과정에 진학할 수 있었다고 한다. 그런데 학계의 일부 학자들은 구달을 향해 과학적인 연구 방법을 모른다며 문제를 제기했다. 그녀가 침팬지들을 관찰하면서 번호 대신 이름을 붙여주고 각각의 침팬지들이 지닌 개성을 언급했으며 수컷과 암컷을 '그', '그녀'라고 불렀기 때문이다.

1960년대 초만 해도 과학의 객관성과 가치중립성을 중시한 생물학자들은 일반적으로 생각, 감정, 개성은 인간에게만 있는 것이

며 동물의 행동은 환경적이고 사회적인 자극에 대한 반응에 불과하다고 생각했다. 그런 학계의 분위기에서 제인 구달의 행동은 과학자로서 객관성을 잃은 채 인간의 감정을 동물에 이입하는 비과학적인 태도로 보였던 것이다. 과연 침팬지에게 이름을 붙이고 개성을 부여하는 행위가 비과학적인 연구 방법이었을까? 동물에 대한 의인화라는 비난을 받기도 했던 구달의 태도는 동물의 본성이나 본질을 훼손하며 잘못된 방식으로 인간과 동물의 관계를 인식한 것이었을까?

침팬지들에게 이름과 개성을 부여한 제인 구달은 침팬지들을 한 종을 대표하는 실험 대상이 아니라 고유성을 가진 개체로 인정하고자 했고 그들과 자신의 유대 관계를 바탕으로 관찰을 진행했다. 구달의 연구는 침팬지들이 가족 간의 유대감이 깊고 사회생활을 영위하며 도구를 사용한다는 사실 등 침팬지에 관한 새로운 사실들을 발견하는 결실로 이어졌다. 동물을 종적 특성에 따라 행동하는 대상으로만 간주하는 관점과 달리 그들도 상호 관계를 맺고 살아가는 한 개체임을 존중한 구달의 관점은 기존의 생물학적 지식이 지닌 오류와 한계를 벗어나 침팬지에 관한 새로운 사실들을 발견하도록 이끈 원동력이었다.

동일한 장면을 보면서도 우리는 다르게 느끼고 다르게 표현한다. 과학의 객관성을 강조하는 관점에서 보면 동물들이 '웃는다'라는 말은 부적절한 표현이다. 왜냐하면 '웃는다'라는 말은 인격이 부여된 표현이기 때문이다. 일부 생물학자들은 침팬지들이 '웃는다'라고 표현하기보다는 입술을 말아올리고 이빨을 드러낸다고 표현하는 것이 객관적이라며 동물에게 부여된 감정 표현을 회의적으로 받아들이기도 한다. 과학적 이유가 아니더라도 동물과 인간의 종적 차이를 위계적으로 이해하고 그 구분을 강조하는 입장에서는 의인화된 표현이 잘못되었다고 느끼며 거부감을 드러내기도 한다.

그러나 동물행동학자들도 말하고 있듯이 동물행동에 대한 연구는 관찰에 대한 해석을 동반한다. '입을 벌리고 소리를 낸다'는 식으로 표현하는 것은 객관적 묘사처럼 보일지 몰라도 행동의 원인을 설명해 주지 못한다. 동물을 자극에 반응하는 자동인형과 같은 사물로 간주하는 태도는 동물이 삶의 의지를 가진 존재로서 다른 존재와 유대 관계를 맺으며 행동하는 존재임을 망각하게 할 뿐이다.

병으로 몸이 쇠약했던 침팬지 운다(Wounda)가 인간에게 구조되어 치료를 받고 다시 숲으로 돌아가는 장면을 떠올려 본다. 사육사가 케이지를 열어주자 밖으로 나와 숲을 향해 걸음을 옮기던 운다는 이내 다시 돌아와 자신을 보살펴주던 사육사와 제인 구달을 포옹한다. 만약 포옹이 인간의 행위를 일컫는 말이기 때문에 동물에게 적합하지 않은 비과학적, 비객관적 표현이라면, 암컷 침팬지가 두 팔을 사람의 어깨에 올려두었다고 말하는 편이 적절한 과학적 표현일까?

동물을 사물처럼 대상화하는 설명이 동물을 제대로 이해하는 방법이라는 데는 선뜻 동의하기 어렵다. 인간의 언어로 침팬지의 감정을 온전하게 설명하는 것은 불가능하지만 상식적으로 볼 때 운다의 행동은 자신을 치료하고 보호해 주고자 했던 존재를 향한 고마움과 아쉬움의 표현으로 해석된다. 만약 이것이 동물을 의인화하는 오류이자 비과학적인 표현이라고 지적한다면 인간과 동물이 맺은 관계를 이해하기 위해 필요한 의인화라고 말할 수 있겠다. 다른 사람의 감정을 이해하기 위해서는 타인의 입장이 되어보는 상상력이 필요하듯이 제인 구달이 침팬지들의 이름을 불러준 것은 그들을 이해하기 위해 자기 스스로가 그들의 입장이 되어보는 공감의 과정이었을지도 모른다.

　프란스 드 발은 의인화 논쟁이 인간의 예외주의*에서 비롯된다고 지적한다. 불필요한 의인화는 당연히 무용(無用)하지만 침팬지들도 동료를 염려하고 서로 배려하며 미래를 계획한다는 연구 결과를 지나친 의인화라고 비난하는 목소리 이면에는 인간을 예외적인 존재로 간주하고 인간의 동물성을 부정하려는 욕구가 깔려 있다는 것이다. 프란스 드 발은 인간과 다른 동물의 유사성을 거부하는 의인화 부정(anthropodenial)**이 오히려 인간을 하나의 종으로서 솔직하게 돌아볼 수 없게 가로막는다고 말한다.

---

* 어떤 사건이나 사물 따위를 보편적인 것이 아닌 예외적으로 보는 관점이나 견해를 말한다. 인간 예외주의는 인간이 지닌 동물성을 부인하고 인간과 동물 사이의 유사성을 거부하며 근본적으로 다른 존재로 보고자 하는 관점이다.

우리가 어떤 대상의 감정을 인정한다는 것은 그 대상을 윤리적 고려의 대상으로 여기고 대상에 대해 취하는 자신의 태도가 옳고 그른가를 돌이켜 생각해 보기 위한 기본적 전제이다. 윤리적 고려의 대상과 관계를 맺을 때는 '나'의 감정만 중요한 것이 아니라 상대방의 감정도 중요하게 여기게 되며, 자연스럽게 '나' 중심의 가치관도 변화하게 된다. 따라서 동물에게도 인간과 유사한 감정과 행동이 발견되고 그들도 관계 속에서 감정을 표현하며 살아가고 있다는 사실은 그들과 함께 살아가는 반려인만이 아니라 지구상에서 동물과 공존하는 모든 사람들에게 생각과 가치의 전환을 요구하는 계기가 된다.

동물의 감정에 관한 연구는 우리 자신을 돌아보게 한다. 동물을 사물로 간주한 채 인간을 위한 고기나 실험 도구 혹은 장난감으로 여기는 폭력은 동물에 대한 오해와 무지의 소산일지도 모른다. 우리도 모르는 사이에 동물에 대한 부당한 폭력을 행사해 왔다면 그것에 대한 책임을 되돌아보아야 할 시점이다. 동물의 감정에 관한 연구는 학문의 영역을 넘어서서 인식과 가치관의 변화까지도 촉구하고 있다. 동물을 인간보다 열등한 대상으로 여겼던 인간중심적 가치관에 대한 반성과 변화는 공감의 시대로 나아가기 위한 과정이다.

동물들과의 교감과 우정을 바탕으로 동물 연구를 개척해 온 제인

** 인간의 특성이나 경험을 인간이 아닌 대상에 부여하는 것을 반대하는 태도이다. 이러한 입장을 지닌 학자들은 인간의 특징을 동물에 부여하는 의인화가 과학적 태도를 망각한 것이라고 보고 경계한다.

구달은 인간과 동물 모두가 서로 연결되어 있음을 느낀다고 고백한 바 있다. 그리고 우리가 동물 사회의 일원이라는 사실을 기뻐하자고 말했다. 제인 구달이 노년까지도 동물보호를 위해 헌신을 다했던 이유는 감정을 지닌 생명체로서 인간과 동물 모두가 서로 연결되어 있다는 단순하지만 확실한 사실에서 비롯한 것일지도 모른다.

🐶 공감, 보이지 않는 손 🐱

공감은 상대방의 감정을 자신도 느껴보는 경험만이 아니라 또 다른 실천을 낳는 힘이다. 2011년 구제역으로 많은 가축들이 살처분되고 있던 무렵, 한 어미 소의 이야기가 여러 신문에서 기사화되었다. 안락사 주사를 맞은 소들은 보통 10초에서 1분쯤 후에 숨지는데, 주사를 맞은 어미 소 곁으로 송아지가 다가오자 어미는 필사적으로 젖을 물렸다고 한다. 어미 소는 2~3분 정도 젖을 다 먹인 후에야 숨을 거두었다. 어미와 함께 곧 안락사할 운명이었던 송아지가 죽은 어미 곁을 서성거리는 모습을 보고 수의사와 방역사들도 눈물을 흘리고 말았다는 기사였다.

기사를 본 많은 사람들이 죽음과 사투를 벌인 어미 소의 모성애에 공감하며 슬픔을 느꼈다. 그런데 공감의 힘은 어미 소의 모성애를 이야기하는 데서 끝나지 않았다. 이 기사가 일으킨 감정의 동요는 구제역과 살처분이라는 사회적 문제를 돌아보게 했고, 공장식 도축의 비윤리성을 고민하게 만드는 계기가 되었다. 죽음의 순간을 맞이한 어미 소와 송아지가 가축으로 분류된 동물일지언정 인간을 위한 고기가 아닌 감정을 지닌 존재임을 생각하게 만들었다.

감정을 지닌 존재로서 우리는 다른 존재들과의 관계 속에서 감정적인 영향을 받는다. 모두가 슬픔에 잠겨 있는데 나만 기쁠 리 없고 그 반대도 마찬가지이다. 의식하지 않더라도 우리의 몸은 이미 다른 이들의 표정과 행동을 통해 감정을 전달받고 자신도 모르는 사이에 반응을 일으킨다. 사회적 존재라면 누구나 다른 존재들과 감정을 주고받으며 거대한 삶의 연결망 안에서 살아간다. 공감은 삶의 연결망을 더 튼튼하고 행복한 것으로 만들기 위해 반드시 필요한, 그리고 누구나 가지고 있는 능력이다.

인류가 이성의 힘을 자랑하며 경쟁과 승리에 도취되어 있던 시간 동안 공감 능력을 상실해 왔다고 우려하는 이들도 적지 않다. 하지만 다행히도 우리는 반려동물들과 함께 살면서 공감의 힘을 돌아볼 기회를 얻게 되었다. 일상을 함께하게 된 반려동물과 우정을 나누면서 한편으로 지구상에 존재하는 수많은 존재들과 공존하는 삶의 연결망을 상상해 볼 수 있다. 프란스 드 발이 말하는 것처럼 공감은 진화적으로 아주 오래된 힘이며 '다른 이에게 뻗는 손'이다. 공감의 진정한 가치는 자신이 속한 삶의 연결망에 대한 윤리적 책임을 갖고 공존을 위한 실천의 손을 뻗는 데 있다.

....

🖋 우리는 가족이나 친구들과 공감하듯이 반려동물과도 공감하며 살아가고 있다. 동물과의 교감은 사람과의 교감과 같은 것일까? 만약 다르다면 어떤 점에서 다를까?

_____

_____

_____

_____

_____

🖋 반려동물의 감정을 이해하고 존중한다는 것은 무조건 반려동물의 요구를 충족시켜주는 것과는 다르다. 반려동물의 감정을 인정한다는 것은 어떤 태도를 말하는 것일까?

_____

_____

_____

_____

_____

예 술

상상의 세계를
열어주는 동물들

남승원
서울여자대학교 국어국문학과 초빙교수

😺 동물과 함께 예술의 역사가 시작되다 😺

2019년 6월, 부산에서는 조금 특별한 전시회가 개최되었다. 〈너는 나에게〉라는 제목으로 부산시민회관이 기획하고 총 20여 명의 작가들이 참여한 이 전시회에는 설치미술작품과 조각, 사진과 영상에 이르기까지 다양한 장르의 예술 작품들이 전시되어 시민들의 큰 호응을 받았다. 이 전시회의 주제는 다름 아닌 반려동물. 우리에게 친숙한 반려동물들을 주제로 시민들과 교감을 나누기 위한 의도로 기획이 된 전시회였다.

반려동물을 자신의 예술 세계 중심에 둔 작가들도 늘어나고 있다. 그중에서도 '냥카소'라는 재미있는 이름으로 활동을 하고 있는 작가의 경우에는 오히려 반려동물이 그를 예술의 세계로 이끈 경우라고 할 수 있다. '길냥이'를 돌보던 작가는 그 고양이가 낳은 새끼들을 위해 분양해 줄 곳을 찾다가 좀 더 활발한 홍보가 될까 하는 마음에 고양이를 그리게 되었는데, 이것이 알려지면서 아예 고양이를 그리는 전문 작가가 된 것이다.

이처럼 최근 우리 주변의 반려동물들은 하나의 예술적 대상으로도 인정받게 되었다. 이를 두고 단순히 사람들의 눈길을 끌기 위한 유행으로 치부하는 이들도 있고, 색다른 예술 장르의 등장이라는 긍정적 시선도 있다. 하지만 가만히 생각해 보면 인류의 역사에서 예술이 시작된 첫 장면에서부터 동물들이 함께했다는 사실을 알 수 있다. 인류의 가장 오래된 예술 작품인 선사시대 동굴 벽화에 어김없이 동물들이 그려져 있다는 사실이 그 증거이다. 스스로를 예술적 존재로 인식하면서 자신이 관찰한 대상을 표현하고자 했을 때, 그것은 당연히 인간과 가장 가까이에 존재하고 있었던 동물일 수밖에 없었을 것이다.

모든 대륙에 걸쳐 광범위하게 발굴되는 구석기 시대 동굴 그림에서 공통적으로 동물이 등장하고 있다는 사실은 그저 우연이 아니라 동물이 예술을 탄생시킨 직접적인 계기였다는 점을 말해 준다. 최근 반려동물을 키우는 인구가 늘어나고, 매체를 통해서도 반려동물과 관련된 문제들이 자주 다루어지면서 인간과 동물 간의 관계가 새롭게 조명되고 있다. 하지만 사실 오래전부터 인류는 자신의 역사를 동물과 같이 만들어오고 있었던 셈이다.

😺 개, 화가의 분신이 되다 😺

인류에게 동물은 생존을 위한 사냥감에서 길들여진 가축을 거쳐, 인간과 일상의 영역을 공유하는 정서적 교감의 대상에 이르기까지 특별한 대상으로 인식되어 왔다. 그중에서도 개는 보편적으로 가장 먼저 가축화된 동물로 알려져 있다. DNA를 활용한 연구에 의하면 늑대에서 분화된 개의 가축화는 3만 년 전으로까지 거슬러 올라간다.

그 구체적인 증거로 가장 오래된 것은 지금의 이스라엘 북부에 있는 아인 말라하(Ain Malaha) 지방에서 발굴된 무덤에서 확인할 수 있다. 이곳에서 대략 기원전 1만 2000년경으로 추정되는 유골이 옆으로 누워 있는 형태로 발견되었는데, 두 손에 조심스럽게 잡고 있는 듯한 뼛조각들을 조사한 결과 어린 강아지인 것으로 드러났다.

유골의 주인과 강아지와의 관계를 정확히 알 수는 없지만, 어떤 이유에서든 개와 사람을 일부러 같이 매장했다는 것은 특별한 사실을 보여준다. 동물과 사람이 맺는 유대가 한 개인의 특수한 경험이 아니라 타인에게도 공감되고 인정받는 보편적인 사회적 관계 안으로 진입했다는 증거이기 때문이다. 최소한 이 시기에 오면 인류는 생존의 차원을 넘어 보다 복잡한 사회적 유대 안에서 동물들을 인식하기 시작했던 것이다.

이와 같은 특징은 미술 작품들에도 그대로 반영된다. 일찍이 고대 그리스 사회에서는 비석이나 공동묘지의 입구를 장식하는 부조(浮彫) 작품들에 생전 주인과의 친밀함을 강조하는 형태로 개나 말과 같은 동물들을 새겼다. 기독교가 국교로 확립된 이후 유럽에서는 신이 창조한 세계 전체를 반영하는 의미로 교회의 바닥이나 모자이크 등에 독수리, 사자를 비롯한 여러 동물상이 광범위하게 등장한다. 이처럼 동물은 인간과의 친밀한 관계를 보여주는 데에서 점차 상징적 의미와 결부되면서 미술의 보편적 소재로 확장되어 왔다.

동물을 그림의 주요 소재로 삼았던 화가들은 셀 수 없이 많지만, 그중에서도 영국의 화가 윌리엄 호가스(William Hogarth, 1697~1764)는 자신이 기른 퍼그 종 강아지를 그림 속에 자주 등장시킨 것으로 널리 알려져 있다. 그런 그를 때로는 다른 사람들이 '퍼그 화가'라고 얕잡아 부르기도 했지만, 그는 아랑곳하지 않고 자신의 그림 속에 지속적으로 개를 등장시켰다.

독창적인 화풍과 함께 그는 사회풍자적인 내용을 연작의 형태로 그려서 유명해졌는데, 그중에서도 당시 정략적 결혼 풍습을 신랄하게 비판한 〈결혼 풍속도(Marriage à la mode)〉가 있다. 모두 여섯 장으로 구성된 이 그림은 부유한 상인 계층 여성과 몰락한 공작 가문 남성이 이해관계에 따라 사랑 없이 결혼한 뒤 결국 파국을 맞는 내용을 시간 순서대로 보여주고 있다.

그중 첫 번째 그림은 결혼을 앞두고 양쪽의 아버지들 간에 한창 구체적인 계약 조건들이 오고 가는 현장을 담아냈다. 실제 결혼 당사자인 두 남녀는 서로의 얼굴도 처다보지 않을 정도로 무관심하게 그려져 정략결혼의 모습을 단적으로 나타내고 있는데, 호가스는 그들의 앞쪽에 있는 두 마리의 개를 통해 이 장면을 보다 풍자적으로 보여준다.

유럽의 회화에서 결혼식 장면 등에 개가 그려진 것은 낯선 일이

• 윌리엄 호가스의 <결혼 풍속도: 1. 결혼 계약>(런던 내셔널 갤러리 소장)

아니다. 오래전부터 개는 상대와의 강한 신의와 충실함을 상징하는 존재였기에, 결혼을 하는 두 남녀 사이에 있는 개는 그 관계를 보다 돈독하게 보여주는 의미였다. 하지만 이 그림에서 두 마리의 개는 서로에게 관심이 없는 두 남녀의 내면을 드러내고 있다. 남자가 아예 여자의 반대쪽으로 몸을 돌리고 있는 것처럼 그 앞의 개 역시 다른 쪽을 응시하고 있으며, 지루하다는 듯이 엎드려 있는 다른 개는 결혼을 앞두고 있는 이 순간을 못 견디고 옆의 다른 사람과 이야기를 나누고 있는 여자의 내면을 상징한다. 결정적으로 두 마리의 개가 하나의 쇠사슬에 같이 묶여 있는 것을 볼 수 있는데, 집안의 강요로 인해 어쩔 수 없이 결혼하게 된 두 남녀의 상태를 효과적으로 나타내고 있다.

이외에도 호가스는 연작 그림에서 모두 세 장의 그림에 개를 등장시킨다. 남자의 주머니에서 레이스를 꺼내는 개는 밤새 다른 여자와 놀다 들어온 부도덕한 행실을 비판하는 의도로, 부부가 모두 죽음을 맞게 되는 마지막 그림에서는 갈비뼈가 드러날 정도로 비쩍 마른 개를 통해 정략적으로 맺어진 결혼 생활의 비참함을 보여주는 방식으로 다양하게 개를 이용한다.

호가스는 그림의 효과적 표현을 위해서뿐만 아니라 자신을 개로 대변했다는 점이 특징적인데, 자화상에서 그것을 확인할 수 있다. 판화가이기도 했던 그는 자신의 연작 작품들을 판화로 제작해서 일반인들에게도 판매했다. 표절 작품이 나올 정도로 워낙 인기가 많아서 그의 요청에 따라 저작권 법령이 처음으로 만들어질 정도였다. 또한 예술 이론과 관련된 책도 출간하는 등 이론적인 면에서도 그는 뛰어난 재능을 보였다.

1745년에 그린 〈화가와 그의 개(The painter and his pug)〉라는 제목의 자화상에서 그는 역경을 딛고 화가로 성공을 거둔 자신의 모든 것을 표현했다. 자신이 그려진 둥그런 캔버스 아래의 셰익스피어와 스위프트, 그리고 밀턴의 책들은 풍자적이고 드라마틱한 이야기를 즐겨 그린 화가가 받은 영향의 원천을 보여준다. 또한 그 앞의 팔레트는 자신의 직업을 말해 주며, 팔레트에는 자신의 책에

● 윌리엄 호가스의 <화가와 그의 개>(런던 테이트 브리튼 갤러리 소장)

서 말했던 미적 개념의 주요 원리와 관련된 문구를 새겨 넣었다.

무엇보다도 화가를 대변하는 핵심적 소재는 쉽게 확인할 수 있는 것처럼 개이다. 당시 그가 기르던 트럼프(Trump)라는 이름의 개를 화가는 자신과 거의 대등한 크기로 그렸다. 이때 개는 애정을 갖고 기르는 동물이면서 동시에 자신의 호전적인 면모를 보여주는 상징이었으며, 나아가 화가로서 예술에 대해 가지고 있는 강한 자부심과 열정을 대변하는 것으로 여겼다. 또한 개를 인물의 전면부에 배치함으로써 배경 속에서 그림의 의미를 보조하는 것이 아니라 자신의 분신처럼 느껴지기를 원했다. 자신을 비난하는 글을 썼던 시인을 풍자하고자 술 취한 곰으로 나타낸 또 다른 그림에서도 해당 시인이 쓴 글 위에 오줌을 누는 개를 등장시켜 개와 자신의 동질감을 확연하게 드러냈다.

윌리엄 호가스가 활동하던 시기에는 이미 동물이 회화의 주요한 소재가 되었다. 특히 개와 고양이처럼 인간과 일상을 공유하고 있는 동물들은 특정한 주제를 상징하기도 했지만, 그림 속 장면에 리얼리티를 부여하는 효과적인 소재이기도 했다. 귀족 남성들만의 오락거리였던 사냥 장면을 그리면서 사냥개가 빠지지 않는다거나, 심지어 예수 탄생과 같은 성화에서도 한쪽에 불을 쬐고 있는 고양이를 그려 넣는 것처럼 말이다.

또한 해부학적 지식이 증가하면서 동물을 객관적으로 관찰하고 그것을 바탕으로 동물의 신체적 특징들을 자세하게 재현하는 그림들도 있었다. 하지만 호가스는 소재로서의 동물을 넘어 자신이 직접 기르고 있었던 개와의 유대감을 바탕으로 창작 활동을 해나갔다. 자신이 기르던 개를 잃어버리자 보상금(금화 1기니의 반을 제시했는데, 이는 당시 영국 비숙련 노동자의 5~6일치 일당에 해당한다)을 내건 광고를 했다는 사실은 개에 대한 그의 애정을 단적으로 보여준다. 당시 그의 그림이 일반 대중에게도 폭넓은 인기를 얻은 데에는 이처럼 개를 활용한 특징도 큰 역할을 했다고 볼 수 있다.

흔히 그리스 신화 속 예술과 학문의 신인 '뮤즈(Muse)'를 예술적 영감의 원천으로 말한다. 실제로 우리들은 여러 예술가들의 삶과 예술 세계를 판단하면서 뮤즈와 같은 역할을 했던 인물과의 관계를 중시하기도 한다. 호가스의 경우 개는 사회의 부조리한 이면을 풍자하고자 했던 화가의 예술적 분신이며 일종의 뮤즈였다. 우

리는 호가스의 개를 통해 당시의 풍속을 상세하게 들여다보는 것이 가능해지며, 당시의 사회 현실을 풍자적으로 바라보던 화가의 내면을 보다 잘 이해할 수 있게 된다.

분명한 것은, 예술적 표현이 예술가의 고립된 내면에서 나올 수 없다는 사실이다. 하나의 예술품은 물론이고, 심지어 우리가 먹거나 마시는 일상생활 속의 물건들 역시 복잡한 관계 속에서 태어난다. 요컨대 예술은 인간이 경험하는 관계의 산물이며, 동물을 통해 인간은 그 관계의 영역을 넓혀 나갈 수 있게 된다.

🐶 동물, 문학적 상상력을 넓히다 🐱

오래전, 상상력은 인간 인식 능력의 하위 범주로 생각되었다. 인간에게 가장 중요한 것은 이성적 능력이며, 이때 이성과는 반대로 작동하는 일종의 몽상과도 같은 것을 상상력이라고 생각했기 때문이다. 따라서 상상력을 인간에게서 빼앗을 수는 없겠지만 그것으로 이성적 힘이 훼손되지 않게 하는 것이 무엇보다 중요하다고 여겼다. 하지만 지금 우리 중에 상상력이 무용하다고 생각하는 사람은 없다. 상상력이 지식보다 중요하다고 한 아인슈타인의 말대로 지금의 우리들은 오히려 상상력을 키우기 위해 이성을 활용하고 있다.

이제 상상력은 인간 사유의 핵심적 기능이라고 할 수 있다. 아픔을 겪고 있는 친구를 진심으로 위로해 주거나, 말 못하는 동물을 이해하고 같이 살아가는 것이 인간적 삶의 방식이라고 한다면 무엇보다도 상대방의 처지를 자신의 일처럼 상상할 수 있는 힘이 우선되어야 한다. 이처럼 상상력은 궁극적으로 인간다운 현실을 유지하게 만드는 능력이기도 하다.

문학은 이와 같은 상상력의 보물 창고이다. 오래전부터 인간은 최대한의 상상력을 발휘하여 현실에서는 일어나지 않을 여러 가지 이야기들을 만들어왔고, 또 그것을 후대로 전승해 가면서 상상력을 발전시켜 나갔다. 문학의 가장 오래된 형태인 신화가 긴 세월 동안 생명력을 잃지 않고 다양한 분야에서 여전히 영향력을 가지고 있는 것도 바로 신화를 형성하고 있는 상상력의 힘 때문이다. 그리스·로마 신화가 특정 지역에서 만들어졌지만 시간이 거듭될수록 지역과 문화적 차이를 넘어 현대에 이르기까지 수용되고 있는 것 역시 상상력의 힘을 보여주는 증거이다.

그리스·로마 신화의 핵심적 상상력 중 하나를 보여주는 것이 바로 『변신 이야기』*이다. 고대 로마의 시인이었던 오비디우스

---

* 고대 로마의 시인 오비디우스가 지은 장편 서사시이다. 천지창조의 이야기부터 당시 아우구스투스 황제 시대에 이르기까지의 신화와 전설들에서 변신에 관련된 이야기를 모아 총 15권의 분량으로 묶었다. 그리스 신화를 바탕으로 로마의 건국 이야기까지 다루고 있는 이 작품은 성경과 더불어 서양 중세 문화를 구성하는 중요한 역할을 해왔다.

(Ovidius, BC 43~AD 17)가 이전의 신화들을 집대성하면서 그 책의 제목을 '변신'이라고 붙인 것 역시 이와 연관되어 있다. 실제로 신화 속에 등장하는 신이나 인물들은 끊임없이 무엇인가로 변신한다. 자신에게 가해지는 위험을 피하기 위해 나무로 변신하거나, 자신이 저지른 악행의 결과로 까마귀와 같은 동물로 변신하는 벌을 받기도 한다. 또는 안타까운 죽음을 맞은 자를 위로하기 위해 신이 꽃으로 변신시켜 주기도 한다.

특히 그리스·로마 신화에서 최고의 신이라고 할 수 있는 제우스는 인간과 잦은 접촉을 하게 되는데, 그때마다 다양한 동물로 변신을 한다. 이와 같은 제우스의 변신은 다음의 두 가지 측면에서 흥미로운 사실을 보여준다.

첫 번째로, 낯선 것들과의 만남에서 동물은 인간에게 경계의 대상이 아니다. 신의 모습 그대로는 인간을 만날 수 없다고 생각한 제우스의 변신에는 낯설고 두려운 것을 대면하기 위해 동물을 첫 매개로 삼았던 인간의 인식이 그대로 반영되어 있다.

두 번째로는, 신들의 세계를 문학적으로 그리기 위한 상상력 역시 동물들을 통해 구체화될 수 있다는 점이다. 신화 속 신들의 공간은 결국 인간의 형이상학적 세계관을 반영하고 있다. 여기에서 형이상학적 세계란 우리가 살아가고 있는 실제의 현실과 달리 인간이 이상적이라고 생각하는 가치나 도덕적 이념 등으로 구현된 세계를 말한다. 하지만 동물로 변신한 뒤에야 제우스의 능력을 우리가 눈치챌 수 있었던 것처럼, 형이상학적 세계는 인간의 상상력을 통하지 않으면 인식될 수 없다. 말 그대로 우리의 세계 바깥에 존재하기 때문이다. 말하자면 문학적 상상력은 현실과 형이상학적 세계를 연결해 주는 구체적인 방법이며, 우리 주변의 동물들을 통해 구체화될 수 있었다.

신화적 세계 이후 동물에 대한 문학적 상상력도 변화를 겪는다. 사회가 발달하면서 인간의 생활이 자연과 분리되고, 실용적이고 객관적인 관점이 삶의 기준으로 떠올랐기 때문이다. 유명한 『파브르 곤충기』처럼 과학적 관찰을 바탕으로 동물의 세계를 독립적으로 인식하거나, 인간의 필요에 맞추어 동물의 상징이나 의미들을 판단하고 선별적으로 수용하게 된 것이다.

특히 두 차례에 걸친 세계대전은 인류에게 문학적 상상력에 대해 근본적인 고민을 안겨주었다. 전쟁을 핑계로 벌어졌던 온갖 반인류적 행위들이 적나라하게 드러나면서 인간적 삶을 지속시켜 준다고 믿어왔던 상상력이 쓸모없음을 깨닫게 된 것이다. 무려 600만 명에 달하는 유대인들이 아무 이유 없이 죽임을 당해야만 했던 시간 동안 인간의 상상력은 기껏해야 그 죽음에 정당성을 부여하는 데 사용되었고, 처형된 유대인의 시체를 소각하느라 피어오르는 연기를 보면서도 정작 누구도 그 안에서 벌어지고 있던 죽음의 현장을 상상해 보지 못했기 때문이다.

아트 슈피겔만(Art Spiegelman, 1948~)의 책 『쥐』는 이와 같은

문학적 상상력과 관련된 하나의 질문이라고 할 수 있다. 사실 이 책은 작가가 부인과 함께 운영하고 있던 한 잡지에 1980년부터 11년 동안이나 연재되었던 '그래픽 노블(graphic novel)'이다. 연재가 끝나고 미국에서 단행본으로 출간되자마자 일반 독자와 도서 시장에서 큰 화제가 되었고, 1992년에는 미국 내에서 언론과 문학 분야의 가장 권위 있는 상인 퓰리처상을 만화로서는 최초로 수상하기도 한다.

제목에서도 알 수 있는 것처럼, 이 책에서 인물들은 모두 동물로 표현되어 있다. 유대인은 '쥐', 나치를 비롯한 독일인들은 '고양이'로 그리고 나치 독일에 동조한 폴란드인들의 경우는 '돼지'와 같은 식이다. 조지 오웰의 『동물농장』*에서처럼 동물을 통해 인간 사회의 단면을 드러내는 우화적 표현들은 우리에게 친숙하다. 이 작품 역시 쥐나 고양이의 관계에 대해 우리가 가지고 있던 기존의 인식을 배경으로 한다. 따라서 이 책에 사용된 동물을 활용한 상징은 내용을 다 읽기 전에도 유대인과 나치 독일 사이에 벌어졌던 일들을 쉽게 받아들이게 만든다.

하지만 『쥐』의 작가는 여기에서 한 걸음 더 나아간다. 이 책은

---

* 영국의 소설가 조지 오웰(George Orwell, 1903~1950)이 쓴 풍자소설이다. 인간에게 착취를 당하던 농장의 동물들이 평등한 사회를 만들어내는 데에 성공하지만, 결국 혁명을 이끈 주도 세력에 의해 이전보다 더한 착취를 당하는 세계로 타락해 간다는 내용을 다루고 있다. 당시 스탈린 통치하의 러시아를 비판하고자 했던 작품으로, 이를 통해 조지 오웰은 전 세계적인 주목을 받았다.

• 아트 슈피겔만이 『쥐』에서 유대인을 쥐로 표현한 모습(제공: 아름드리미디어)

실제 유대인 수용소의 생존자였던 아버지를 방문해서 그 시기의 자전적 경험을 듣는 방식으로 구성되어 있다. 이때 작가나 작가의 부인 역시 쥐로 표현되어 있는데, 최소한 현재 시간의 인물들은 '고양이'와의 관계에서 설정된 일방적인 인식에서 벗어나게 된다. 수용소 안에서 쥐로 그려진 유대인은 그것만으로도 우리에게 당시의 참혹했던 현실을 상상하게 만들지만, 현재 시점으로 등장하는 인물들이 쥐로 표현되었을 때에는 우리에게 조금 다른 상상력이 요구된다.

가령 아들 내외와 차를 타고 가다가 만난 흑인(개로 그려져 있다) 히치하이커를 두고 시종일관 노골적으로 인종 차별적인 태도를 내비치는 등, 때로 비열하기까지 한 지금의 쥐(아버지)는 인종 차별의 역사적 피해자를 보고 있던 우리의 상상력을 다른 방향으로 확장되게 만든다. 나 역시 언제든지 인종 차별과 같은, 타인을 향해 이유 없이 저지르는 범죄의 가해자가 될 수도 있을지 모른다는 반성적 상상력으로 말이다.

『쥐』는 홀로코스트(Holocaust)*를 경험한 뒤 의심을 품고 있었던 문학적 상상력의 가능성에 다시 한번 생명력을 불어넣고 있다. 이때 동물은 다시 한번 상상력의 핵심이 되어준다. 인간과 다른 모습을 하고 있었던 동물은 오래전부터 문학적 상상력을 펼칠 수 있는 매개가 되어왔다. 이때 문학적 표현에서 동물은 나와 다른 것에 대한 차별의 근거가 아니라 나와 다른 존재들을 모두 동등한 대상으로 상상하게 만들어 준다는 데에 그 가치가 있다.

미국의 천재 물리학자 리처드 파인만(Richard Feynman, 1918~1988)은 역시 상상력의 중요성을 강조하면서 '실제로 존재하지 않는 것을 허구적으로 상상할 때가 아니라, 존재하는 것을 이해하고자 할 때'가 상상력이 진정으로 필요한 순간이라고 말했다. 『쥐』를 다 읽고 나면 등장인물들이 모두 동물로 표현되었다는 특징이 전혀 기억에 남지 않아 덮은 책장을 자꾸만 열어 보게 만들 정도로 인간들의 모습이 사실적으로 재현되어 있다. 이처럼 동물을 통한 문학

---

* 일반적으로 전쟁 등에 의한 대학살을 뜻하는 단어이지만, 고유명사로서는 2차 세계대전 중 나치 독일에 의한 유대인 학살을 말한다. 1935년에 법적으로 유대인을 규정하고 차별하는 뉘른베르크법 통과 이후 나치 독일은 격리 수용소를 유럽 곳곳에 설치해 운영하면서 600만 명에 이르는 유대인들을 처형했다. 그중 최대 규모였던 아우슈비츠 수용소에서만 150만 명 정도의 유대인이 처형당했다.

적 상상력은 인간 스스로를 다시 한번 이해하게 만들고, 결국 존재하는 모든 것들에 대한 수평적 사고로 확장된다.

　최근 우리 사회는 공장식 축산업의 폐해와 가축 전염병의 확산, 환경 위기에 따른 생태계 위협 등과 관련된 문제를 겪는 동시에 반려산업은 점차 성장해 가는 역설적 상황을 마주하고 있다. 이에 따라 동물과 관련된 문제는 최근 우리 문학의 핵심적인 부분 중 하나라고 할 수 있다. 특히 반려동물과 함께 자라온 세대에게는 문학 작품들이 동물과 연관되었을 때 그 상징적 의미나 주제를 비교적 쉽게 받아들이기도 한다. 그만큼 반려동물은 우리에게 평범하고 익숙해진 삶의 배경이 된 것이다. 아이러니한 것은, 키우는 동물에 따라 서로 편을 가르거나 동물을 반려의 존재로 받아들이지 못하는 사람들을 비하하는 등의 집단 이기주의 현상이 나타나기도 한다는 점이다.

　하지만 반려동물이 단순히 자신의 눈에 비치는 귀여운 외모로만 존재하면서 나와 다른 사람, 이곳과 다른 세상을 더 이상 상상하지 못하게 만든다면 이는 오히려 동물과 인간 모두에게 가장 불행한 일일 것이다. 아르헨티나의 작가 호르헤 루이스 보르헤스(Jorge Luis Borges, 1899~1986)는 문학적 상상력 속에서 존재하는 동물들을 모아놓은 자신의 책을 가리켜 "창조와 관련된 모든 단어들에 정당성을 부여하는 우주 전체"라고 말한 적이 있다. 동물을 통한 문학적 상상력은 바로 이처럼 인간의 가치를 스스로에게 설명할 수 있는 가장 오래된 방식이다.

🐶 동물, 인간과 마주하다 😺

2005년도에 국내 개봉했던 베르나르도 베르톨루치 감독의 영화 〈몽상가들〉속 한 장면에서 아주 작게 스쳐 지나갔던 그림이 우리나라에서 화제가 된 적이 있었다. 조선시대의 화가 이암(李巖, 1499~?)이 그린 강아지 그림이었는데, 깃털을 가지고 노는 천진난만한 강아지의 얼굴과 행동이 생동감 있게 표현되어 보는 사람이라면 누구나 미소를 자아내게 만든다.

현재 미국의 한 미술관에 소장되어 있는 이 그림이 어떻게 그곳까지 건너가게 되었는지 그 사연은 알 수 없지만, 이암은 생전에도 동물 그림을 잘 그려 일본에서는 이미 채색 강아지 그림의 대가로 널리 알려졌었다. 〈화조구자도(花鳥狗子圖)〉(보물 제1392호)와 〈모견도(母犬圖)〉 등 남아 있는 그의 그림들에도 이와 비슷하게 장난을 치는 강아지의 모습이 사실적으로 표현되어 있다. 이를 보면 그가 강아지를 얼마나 세밀하게 관찰을 했는지 알 수 있으며, 강아지에 대한 남다른 애정 또한 잘 전달된다.

이처럼 그림의 소재나 주제 측면에서 지금보다 제한적이었던 예전에도 동물은 예술가들에게 자연스러운 관심의 대상이었다.

• 조선 중기 화가 이암이 그린 <꿩 깃털을 가지고 노는 강아지
(Puppy playing with a pheasant feather)>(미국 필라델피아 미술
관 소장)

좋든 싫든 동물은 언제나 인간과 함께해 왔으며, 지금도 여전히
우리들은 동물과 함께인 세상을 살아가고 있기 때문이다. 하지만
무엇보다도 지금의 우리에게 동물이 중요한 이유는 인간 스스로
자신의 존재를 깨닫도록 만들어준다는 점 때문이다.

강아지에게 자신의 성을 붙인 이름을 지어 부르며 기꺼이 침대
의 한쪽 자리를 내어주거나, 기온이 떨어진 겨울밤에 길고양이들
을 걱정하면서 핫팩을 놓아두는 행위는 단순히 동물들에게 무엇
을 베푸는 것으로 그치지 않는다. 이는 결국 인간다움에 대한 생
각으로 우리를 이끌 수밖에 없다.

동물이 예술적 상상력과 결합될 때, 동물은 나와 다른 존재를

마주하게 만드는 방식으로 우리의 인식을 확장시킨다. 이처럼 인간은 동물을 통해 스스로를 되돌아보고 세계 안의 나와 다른 모든 존재들에게 편견 없이 손을 내밀 수 있게 된다. 동물은 인간에게 언제나 예술적 상상력의 원천이며, 이와 같은 상상력을 통해 우리의 삶도 예술이 된다.

🦴 최근 시나 소설 등 문학 작품에서부터 웹툰에 이르기까지 반려동물을 다룬 작품들이 많아지고 있다. 이와 같은 작품들이 우리들에게 주는 정서적 효과로는 어떤 것이 있을까?

🦴 다양한 예술 장르에서 인간을 대신해 동물을 등장시키는 경우가 많다. 예술 작품에서 이와 같은 우화적 표현들이 갖는 의미와 효과는 무엇일까?

02

우리도
소중한
생명입니다

공존

강아지를
'소유'할 수 있을까?

고봉준
경희대학교 후마니타스칼리지 교수

🐶 생명인가, 소유물인가 🐱

2019년 여름, 청와대 국민청원 게시판에 한 유튜버를 동물 학대 죄로 처벌해 달라는 청원이 올라왔다. 자신이 진행하는 생방송에서 반려견을 내던지고 발로 차는 등 동물을 학대한 유튜버는 신고를 받고 출동한 경찰에게 "내가 내 개를 때린 게 잘못이냐, (……) 내 재산이고 내 마음이다"라고 목소리를 높였는데, 이 장면이 방송을 통해 알려지면서 국민청원 게시판에 올라간 사건이었다. 이 사건이 SNS를 통해 퍼져나가고, 동물단체가 동물보호법 위반 혐의로 고발하면서, 해당 유튜버는 사회봉사를 조건으로 징역 4월의 집행유예 처벌을 받았다.

오늘날 이런 동물 학대는 거의 일상적으로 벌어진다. 이 사건이 있기 전과 후에도 또 다른 유튜버가 건물 4층에서 고양이를 떨어뜨리는 장면을 촬영하여 방송했다가 동물보호법 위반 혐의로 조사를 받았고, 경의선 숲길 근처에서 고양이를 바닥에 내던져 죽인 사람이 동물보호법 위반으로 처벌받는 사건도 있었다.

이처럼 동물 학대 가운데 가장 빈번하게 발생하는 것은 길고양이에 대한 혐오성 학대이다. 누군가가 쏜 화살에 몸이 관통당한 채 발견된 고양이 사건은 동물에 대한 폭력과 혐오가 얼마나 심각한가를 잘 보여준다. 휴대폰을 이용한 사진이나 영상 촬영이 일상화되고 유튜브와 SNS가 보편화됨에 따라 엽기 행각을 펼쳐 사람들의 이목을 끌려는 사람들이 나타나고, 그들의 동물 학대를 알리려는 사람들에 의해 동물 학대 사건은 끊이지 않고 우리 귀에 들려온다.

한편 2016년에는 SBS 〈동물농장〉과 MBC 〈PD수첩〉이 반려견의 유통 실태와 소위 '강아지 공장'의 충격적인 현실을 폭로하여 '펫산업' 이면에 숨겨져 있는 인간의 추악한 면모를 고발한 일이 있었다. 강아지 공장은 강아지를 생산해 내기 위해 어미 개를 강제로 임신, 출산시키는 일명 '개 번식장'이다. 수십 수백 마리의 개가 햇빛도 잘 들지 않는 밀폐된 철창에 갇혀 강제로 임신과 출산을 반복하다가 생식 능력을 상실하면 버려지거나 고기로 팔려나가는 장면을 보고 있으면 '인간다움'이 무엇인지 의심하지 않을 수 없다.

방송으로 드러난 강아지 공장의 실태는 처절했다. 질병과 육체 훼손으로 인해 임신 자체가 곤란한 어미 개에게 발정유도제를 주사하고 수컷의 정액을 강제로 주입하는 장면, 최소한의 의료 지식이나 의료 환경도 갖추지 않은 상태에서 마음대로 칼과 메스를 휘두르는 모습, 자신이 출산한 새끼에게 접근하기 위해 필사적으로 철창을 들이받아 머리에 상처를 입은 어미 개의 모습, 예쁘고 귀여운 강아지로 만들기 위해 어미젖을 먹지 못하도록 분리시켜 놓은 강아지들, 냉난방 장치가 없는 곳에 방치되어 얼어 죽은 새끼들의 사체가 아무 곳에나 내팽개쳐진 장면을 보고 있으면 저절로 채널을 돌리고 싶은 마음이 생긴다.

더 놀라운 것은 이런 현실에 대한 공무원들의 태도, 그리고 경찰, 공무원, 시민운동가, 방송 등을 대하는 주인들의 뻔뻔함이다. 그들은 자신이 해당 동물의 주인임을 강조하는데, 동물이 '생명'이기에 앞서 '소유물', 궁극적으로는 '돈'이라는 이러한 인식이 동물 학대를 증가시키는 주요 원인의 하나이다. 실제로 반려견을 학대하는 장면을 방송했다가 신고 당한 유튜버는 항의하는 사람들을 향해 "내가 내 강아지 때린다는데 아무것도 못하잖아. 내 강아지 내가 훈육하겠다는데 경찰이 어떻게 할 건데?"라고 주장했다. '강아지 공장'의 주인들 역시 단속공무원에게 강아지들이 자신의 유일한 생계 수단이자 사유재산이라고 주장한다. 실제로 동물 학대 문제에 대한 토론에서도 많은 사람들은 '주인'이라는 말 앞에서 머뭇거린다.

우리는 도심 곳곳에 위치한 펫숍의 쇼윈도에 진열된 강아지와 대형 마트의 동물 코너에서 동물들이 팔려나가는 장면을 목격하면서 성장한 세대이다. 사고파는 개와 고양이를 자연스럽게 받아들이고 살아가는 사람들에게 과연 반려동물은 마트에서 판매하는 샴푸, 자전거, 휴대폰 등과 다르게 느껴질까?

🐶 동물을 소유한다는 것 🐱

　반려동물 양육인구 1500만 시대. 600만 가구가 반려동물을 키우고 '펫산업'의 규모가 연 3조원에 육박하는 것이 오늘날의 한국 사회이다. 오랫동안 저성장의 굴레를 벗어나지 못하는 전통적 산업과 달리 '펫산업'은 매년 가파른 성장세를 이어가고 있다.

　반려동물 위한 미용실, 호텔, 카페가 생기고, 반려동물 이야기를 다루는 텔레비전 프로그램도 항상 인기다. 지방자치단체들은 명절 귀성객을 위해 반려동물을 맡아주는 서비스를 시행하기도 한다. 반려동물에 대한 관심은 대학입시의 판도에도 영향을 미쳐, 최근에는 동물행동전문가나 수의사의 영향력이 커지는가 하면 수의사가 선망의 직업으로 손꼽히면서 수의대 입시가 치열해졌다고 한다.

　한 조사에 따르면 현재 반려동물로 길러지는 개와 고양이의 수는 900만 마리이다. 하지만 이러한 인기에도 불구하고 반려동물에 대한 우리의 인식 수준은 '펫산업', 즉 동물을 물건 내지 상품으로 간주하는 차원을 벗어나지 못하고 있다. 그래서일까? 평균 330마리의 반려동물이 매일 버려진다고 하니, 이는 편리하게 구매했다가 필요 없어지면 버려도 된다는 생각이 만든 숫자일 것이다.

　현대 사회에서 동물에 대한 인간의 태도를 결정짓는 기본적 조건은 '소유' 관계이다. 우리에게 동물은 '생명' 이전에 '소유물'로 간주된다. 물론 이러한 인식의 출발점은 자본주의이다. 자본주의란 무엇인가? 간략하게 설명하면 자본주의는 인간의 모든 행위가 '이윤 동기'에 따라 결정되는 시스템을 뜻하고, 여기에서 '자본'이란 이윤을 획득하기 위해 투자되는 일체의 것을 가리킨다.

이런 점에서 '자본'은 '화폐'와 다르다. '자본'은 화폐에 한정되지 않는다는 점에서 화폐의 동의어가 아니며, 이윤을 목표로 투자되지 않으면 '자본'으로 간주되지 않는다는 점에서 '화폐'와 다르다. 가령 내가 목이 말라서 1000원을 주고 생수 한 병을 구매했다면 이때의 1000원은 자본이 아니라 지불 수단으로서의 화폐일 뿐이다. 하지만 내가 다른 사람에게 팔아서 이윤을 남길 목적으로 1000원을 주고 생수를 샀다면 그때의 1000원은 자본이다.

철학자 에리히 프롬(Erich Pinchas Fromm, 1900~1980)은 '소유'가 "모든 것을 죽은 것, 다른 사람의 권력에 복종하는 것으로 변형시킨다"라고 말했다. '소유'가 대상을 '물건(thing)'으로 만든다는 것이다. 소유관계에서 소유의 주체와 대상, 그러니까 '나'와 '내가 가진 것'의 관계는 살아 있는 관계가 아니다. 이것을 소유관계는 죽은 대상, 즉 '물건'에만 한정된다는 의미로 이해할 수도 있지만, 반대로 살아 있는 대상도 '소유' 방식의 관계를 맺으면 죽은 것, 즉 '물건'이 된다는 의미로 해석할 수도 있다.

우리는 오직 대상과 죽은 관계를 맺음으로써만 그것을 소유할 수 있다. '소유한다는 것'은 '대상'을 나의 물건으로 만든다는 뜻이고, 더 나아가서 '대상'을 내 마음대로 할 수 있다는 의미이다. 그러므로 이 '대상'이 무생물일 경우에는 큰 문제가 생기지 않지만, 그것이 생명체일 경우에는 곤란한 문제가 생긴다. 생명을 지닌 존재를 물건처럼 취급하거나 심지어 마음대로 할 수 있다고 생각하기는 쉽지 않기 때문이다.

여기에서 '내 마음대로'는 어떤 경우를 말하는 것일까? 극단적으로 말하면 버리거나 죽이는 것이다. 반려동물을 학대하는 장면을 방송하고도 경찰에게 "내가 내 강아지 때린다는데……"라고 소리친 유튜버가 이해한 '소유'가 이런 것이고, 불법 강아지 공장을 적발하고도 개 주인에게서 강아지를 떼어놓지 못하는 공무원들이 이해한 '소유'도 이런 것이다.

이런 '소유' 관념은 몇몇 사람들에게만 한정되는 것이 아니다. 자본주의 사회에서 태어나고 자라면서 모든 관계를 '소유' 관계로 인식하는 우리들 역시 이와 같은 소유 관념을 공유하고 있다는 점에서 문제적이다. 요컨대 '소유'란 소유 주체와 대상 간의 '죽은 관계'를 가리키는 말이므로, 만일 대상이 생명을 지닌 존재일 경우에는 그 관계를 통해 대상을 생명이 없는 대상(물건)으로 바꿔버리는 과정을 포함하게 된다.

진정한 '사랑'은 '소유하는 것'이 아니라는 말이나, 자녀는 부모의 '소유물'이 아니라는 주장의 의미도 이것이다. 사랑하는 대상을 소유하려는 태도는 자신의 의도와 상관없이 상대방을 죽은 것(물건)으로 만드는 결과를 초래한다. 앞에서 지적했듯이 우리가 '동물'을 마주하는 공간들, 마트나 펫숍의 쇼윈도, 동물원, 대형 수족관과 서커스장 등은 모두 '화폐'와 '이익'에 의해 관계가 형성되는 장소이고, 이 조건들이 사라지지 않는 한 동물이 '물건'이 아니라 '생명'으로 인식되기는 쉽지 않을 것이다.

이런 이유 때문에 동물을 상업적 목적으로 길러 사고파는 일을 규제하려는 흐름이 생겼다. 가령 미국 및 유럽 일부 국가에서는 돈을 주고 반려동물을 거래하는 행위를 처벌한다. 미국 캘리포니아에서는 개인 간의 소규모 거래를 제외하고 번식장에서 태어난 강아지를 거래할 경우 마리당 500달러의 벌금을 물리고, 영국에서는 2018년 10월부터 펫숍에서 6개월 이하의 개, 고양이 판매를 금지했다. 이러한 일들은 어린 동물의 거래를 차단함으로써 반려동물의 '산업화'를 막으려는 노력의 일환으로 보인다.

거듭 이야기하지만 '산업'은 동물을 생명이 아니라 '물건(thing)'의 관점에서 바라보는 시선을 정당화하며, 동물 학대에 대한 정당화는 물론 고통을 호소하는 동물의 목소리도 들리지 않게 만든다. 농장 노동자들이 새끼 돼지를 마취하지 않고 거세할 때 돼지가 지르는 비명을 듣지 않기 위해 귀마개를 한다는 글을 언젠가 읽은 적이 있다. 이들에게 돼지의 '비명'은 '소음' 이상의 의미가 아닐 것이다. 마찬가지로 전 세계 대부분의 양계장에서는 상업적 가치가 떨어지는 수컷 병아리를 태어나는 즉시 분쇄기에 넣어 쓰레기로 배출하거나 다른 동물의 사료로 만든다. 한 해에 70억 마리의 병아리가 이렇게 출생과 동시에 도살된다. 이 경우에도 병아리는 '생명'이 아니라 쓸모없는, 또는 재활용할 수 있는 '물건'으로 취급된다.

이러한 동물 학대가 '동물'에게만 문제인 것은 아니다. 비용과 시간을 아끼기 위해 돼지, 소, 닭을 생매장하는 장면을 목격하거나 직접 그 작업을 담당한 사람들의 반응이 증명하듯이 동물과 생명을 '물건'처럼 취급하는 일은 동시에 인간성에 심각한 문제를 초래한다. 자본주의의 황금만능주의가 인간성 소외를 낳듯이, '소유'를 통해 동물과 생명을 '물건'처럼 취급하는 문화는 결국 생명을 무생물처럼 취급하고 인간마저도 수단으로 간주하는 현상을 낳는다. 노동자를 '인력'이라고 부르는 문화가 단적인 사례이다. '인력'은 말하고, 느끼고, 행동하는 '생명'에 대한 명칭이 아니다.

자본주의가 동물과 생명을 '물건'처럼 인식하는 태도를 양산하므로 동물을 사고파는 일을 규제해야 한다고 주장하면 이런 반론이 나온다. '자본주의 이전에도 동물을 사고팔았고 그때에도 동물과 생명을 '물건'처럼 취급했으니, 오늘날 반려동물에 대한 모든 문제를 자본주의 탓으로 돌리는 것은 지나친 일반화'라는 것이다. 이런 주장에 설득력이 없다고 생각하지 않는다. 반려동물을 대하는 현대인의 부정적인 인식 모두가 자본주의의 문제는 아닐 것이다. 하지만 저 반론이 간과하고 있는 사실이 있다. 아주 오래전에도 인류는 동물을 사고팔았지만 그것은 상업적 이윤이 아닌 실용적·현실적인 목적을 지닌 거래였으며, 거래의 규모 역시 지금과는 비교할 수도 없을 정도로 제한적이었다는 점이다.

과학기술이 발달하기 이전 사회에서 동물은 다양한 방식으로 인간과 관계 맺는 친밀하면서도 때로는 적대적인 생명체였다. 먹고 먹히는 관계가 되기도 하고, 때로는 무거운 짐이나 힘든 노동을 대신하는 수단이기도 했다. 옛날에는 과학이 발달하지 않아 인위적으로 개체수를 늘릴 수도 없었을 것이므로 동물을 함부로 죽일 수도 없었다. 동물보다는 '인간'이 더 중요하다는 사상이 없지 않았기에 학대나 학살이 전혀 없었다고 말할 수는 없다. 그렇지만 동물에 대한 인식은 물론 학대와 학살의 규모에 있어서도 오늘날과 같은 시대는 일찍이 없었다.

😺 동물을 먹는다는 것 😺

동물에 대한 현대인의 태도를 결정짓는 또 하나의 조건은 '공장식 축산'과 '도축의 산업화', 즉 '육류산업'이다. '소유'가 생명체인 반려동물을 '물건'으로 둔갑시킨다면, '육류산업'은 생명체인 동물을 잠재적인 '식량'으로만, 오직 '음식'으로만 인식하는 태도를 낳는다. 동물 학대를 처벌하는 법에서 '식량동물'이 제외되는 것이 전형적인 경우이다. 어떤 동물이 동물 학대 금지법의 대상에서 제외된다는 것은 그 동물이 '동물'이기 이전에 '식량'이라는 의미이다.

인류는 까마득한 옛날부터 동물을 식량으로 여겨왔다. 이렇게 보면 오늘날의 '육류산업' 또한 그 연장선에 있다고 생각할 수도 있을 것이다. 동물을 생산, 소비하는 방식이 시대에 따라 달라졌을 뿐, 동물을 먹는 행위는 동일한 것이라고 말이다. 실제로 대부분의 현대인들 역시 이런 생각을 공유하고 있을 듯하다. 하지만 현대 사회에서 동물을 먹는 행위에는 생각보다 많은 문제들이 얽혀 있다.

2008년 미국의 영화감독 로버트 케너(Robert Kenner, 1971~)가 만든 다큐멘터리 영화 〈푸드 주식회사〉는 이 문제를 이해하는 데 좋은 길잡이 역할을 해준다. 이 영화는 현대인들이 즐겨 먹는 음식들, 특히 우리가 소비하는 육류가 어디서 어떻게 만들어지고 어떤 과정을 거쳐 우리 앞에 오게 되었는가를 매우 사실적으로 보여준다. 이 영화가 주목하고 있는 것은 '다국적 기업'의 실체이다. 누구나 알고 있듯이 오늘날 우리가 소비하는 육류는 기업에 의해 생산된 상품이다.

반려동물인 강아지의 상당수가 '강아지 공장'에서 만들어진 '공산품'이듯이, 식품으로서의 육류 역시 기업에 의해 생산된 사실상의 '공산품'이다. 오래전에 인류가 사냥 등을 통해 자연에서 획득한 것과는 다르다는 뜻이다. 이 영화에 따르면 현재 우리가 먹는 대다수의 음식들은 소수의 다국적 기업에 의해 생산·유통되고 있다. 미국의 경우 1970년에는 상위 다섯 개 쇠고기 회사가 시장의 약 25퍼센트를 지배했으나 최근에는 상위 네 개 회사가 시장의 약 80퍼센트를 장악하고 있다. 그런데 이런 얘기를 들으면 다국적 기업의 독점도 심각한 문제라고 생각되지만 도대체 3억 명의 인구가 소비하는 쇠고기, 그 많은 소가 어디서 어떻게 길러지고 있는지 궁금하지 않을 수 없다.

공장식 축산과 도축의 산업화, 현대 사회에서 '육식'의 확산이 인간과 지구 생태에 어떤 영향을 끼치는가를 알아보려면 미국의 사회 사상가 제레미 리프킨(Jeremy Rifkin, 1945~)이 쓴 『육식의 종말』과 고기, 육류에 대한 불편한 진실과 공장식 축산의 문제점을 지적하고 있는 〈MBC 스페셜〉 '고기 랩소디' 편이 좋은 참고 자료가 된다.

리프킨의 이 책은 1992년에 미국에서 출간되었기 때문에 최근의 현황과 미국 이외의 나라들에 관한 정보를 많이 담고 있지는 않다. 하지만 지난 20세기에 육식 문화가 어떤 과정을 통해 폭발적으로 증가했는가를 보여준다는 점에서 중요한 참조점이라고 말할 수 있다. 리프킨에 따르면 1992년 당시 지구상에는 12억 8000만 마리의 소들이 있고, 그것들은 지구 땅덩이의 24퍼센트를 차지하고 있으며, 수억 명의 인간을 먹여 살릴 수 있는 곡물을 소비하고 있다.

2000년대 초에 발표된 한 자료에 따르면 미국에서 도살당한 동물의 수가 1970년대 중반부터 2000년에 이르는 약 25년 동안 두 배 이상으로 늘어났다고 하니 리프킨이 제시한 동물의 규모는 현재에는 상당히 증가했을 것이다. 다만 이 소들의 대부분이 미국 자본이 지배하는 다국적 기업의 소유이며, 무엇보다도 미국이 아닌 다른 지역에서 사육되고 있다는 사실에는 변함이 없을 것이다. 통계에 따르면 1970년대 말 중앙아메리카 전체 농토의 3분의 2가 축산 단지로 전환되었고, 지구상에서 매년 남한 크기의 목초지가 과도한 방목으로 인해 사막화되고 있으며, 그 결과 북반구에서 사는 사람들이 쇠고기를 소비하는 동안 개발도상국에서는 수백만의 사람들이 식량 부족으로 굶주리는 일이 발생한다.

이처럼 다국적 기업이 주도하는 '육류산업'이 인간과 지구 생태에 심각한 문제를 초래한다는 사실이 알려지자, 최근에는 생태·환경의 관점에서 육식 문화를 비판하는 목소리가 커지고 있다. 우리가 1인분의 고기와 우유 한 잔을 얻기 위해서는 소에게 22인분의 곡식을 먹여야 하고, 소고기 100그램으로 햄버거 한 개를 만들기 위해서는 열대우림 1.5평이 목초지로 바뀌어야 하며, 곡물을 사료로 하는 축산 단지가 온실효과를 일으키는 메탄, 이산화탄소, 일산화질소를 방출하는 주요 원인이라는 지적 등이 대표적이다.

윤리학을 연구하는 철학 교수 코린 펠뤼숑(Corine Pelluchon,

1967~)은 '육식'과 '환경'의 관계를 이렇게 요약하고 있다.

"가축은 매년 71억 톤의 이산화탄소를 배출하는 지구온난화의 일곱 번째 주범으로, 자동차 배기가스보다 더 많은 양의 이산화탄소를 생산한다. 500킬로칼로리의 콩을 생산하는 데는 421리터의 물이 필요하고, 500킬로칼로리의 감자를 생산하는 데는 89리터의 물이 필요한 것에 비해, 500킬로칼로리의 고기를 생산하기 위해서는 4902리터의 물이 필요하다. 이처럼 고기를 생산하려면 막대한 환경적 비용을 지불해야 한다." ─코린 펠뤼숑, 『동물주의 선언』 중에서

　현대의 '육류산업' 문제를 두고 우리가 깊게 고민해야 하는 것은 두 가지이다. 먼저 오늘날의 육식문화와 육류산업은 자본주의 이전, 즉 농경사회에서 동물을 사냥하거나 가축을 길러 노동력과 고기를 획득하던 것과는 전혀 다른 문화적 현상이라는 사실이다. 이는 동물들이 공장식 축산과 산업화된 도축, 대중의 음식기호와 이윤을 극대화하려는 자본의 이해에 맞춰 생산, 유통되는 과정의 실체를 목격하면 쉽게 이해할 수 있다.
　'공장식 축산'이라는 말에서 '공장'은 동물이 생산되는 공간을 가리키면서 동시에 '동물'을 대하는 인간, 이 경우에는 자본의 태도를 함축하고 있다. 양질의 고기를 획득하기 위해 동물들의 움직임을 최소화하는 방식으로 사육하는 일이나 살아 있는 소를 거꾸

로 매달고 목을 그어 피와 내장 등을 꺼내는 장면을 보고 있으면 '가축'은 '생명'이 아니라 '고깃덩어리'로 취급되고 있다는 느낌을 받지 않을 수 없다.

산 채로 가죽이 벗겨지는 동물들, 좁은 공간에 감금된 채 평생 임신과 출산을 반복하다가 마지막에는 고기가 되는 암퇘지, 의식을 유지한 상태로 목이 잘려 고통스럽게 죽어가는 동물, 부드러운 가죽을 위해 태어난 지 채 두 시간도 안 되어 죽임을 당하는 송아지 등 '산업'의 영역에서 행해지는 모든 행위에서 동물은 오직 하나의 기능만을 수행하도록 강요된다. '산업'의 시선으로 보면 풀밭에서 풀을 뜯고 있는 소는 잠재적인 '쇠고기'일 뿐이고, 벌레를 잡으려고 땅바닥을 쪼아대는 닭들은 잠재적인 '치킨'일 뿐이다.

이러한 산업의 시선을 공유함으로써 우리는 동물을 '생명체'로 감각하는 능력을 잃어버리고 자연스럽게 '기능'과 '용도'로만 받아들이게 되거니와, 이것이 결국 우리를 동물의 고통에 무감각한 인간으로 만든다. 그리고 생명을 '기능'과 '용도'로만 바라보는 이 사회는 끝내 인간조차 동일한 방식으로 인식하지 않을 수 없다. 동물윤리학자들의 주장처럼 동물의 고통에 공감하는 예민함은 타자에 대한 공감의 출발점이라는 점에서 '동물 문제'는 단순히 '동물만의 문제'가 아닌 것이다.

육식의 문제와 관련하여 가장 자주 등장하는 반론은 자본주의 이전에도 인류는 동물을 먹었으며, 인간 또한 동물이기에 '영양'

섭취를 위해서 동물을 먹지 않을 수 없다는 것이다. 누군가는 기후 변화, 기아, 빈곤, 아동 학대, 성폭력 등 인류가 해결해야 할 문제가 산더미처럼 쌓여 있는데 육식과 동물 학대가 그토록 시급한 문제냐고 지적하기도 한다.

앞서 살펴보았듯이 인류와 지구의 미래를 걱정하는 다수의 학자들은 지금과 같은 '육류산업'이 기후 변화, 지구 온난화, 기아 문제를 일으키는 주요 원인의 하나라고 설명하고 있다. 이는 인류가 시급히 해결해야 할 문제와 동물에 관한 문제가 별개의 것이 아님을 의미한다.

다음으로 인간도 동물인 한 육식을 통해 영양분을 섭취해야 생존이 가능하다는 주장에 대해 살펴보자. 알다시피 세상에는 종교 등을 이유로 채식주의 문화를 채택하고 있는 곳도 있고, 현재는 물론 과거에도 개인의 선택에 따라 엄격한 채식주의를 실천한 사람들이 많다. 그럼에도 그 문화들, 그 개인들이 영양이 부족해서 고통을 받았다는 이야기는 듣지 못했다. 실제로 그들 대부분은 현대인과 비교해도 상당히 건강하게 살았다.

국제경제협력기구(OECD) 회원국 등 일부 선진국에 국한된 이야기겠지만, 오히려 현대인은 비만·당뇨·콜레스테롤·성인병 등의 각종 현대적 질환 때문에 육식을 줄이거나 채식을 하라는 전문가들의 권고를 받고 있지 않은가? 어떤 사람들은 육식, 즉 동물성 단백질이 인간의 생존에 꼭 필요한 필수아미노산의 유일한 원천임을 내세우기도 한다. 하지만 1914년 예일대학의 실험에서 시작된 이 학설은 2016년 미국심장협회가 식물성 단백질로도 필수아미노산을 얻는 데 문제가 없다고 밝힘으로써 힘을 잃었다.

현대인은 왜 육식을 즐기는가? 그것은 육식이 접근이 쉽기 때문에, 요리가 간편하고 (선진국의 경우에 한정되겠지만) 비용이 적게 들기 때문이 아닌가? 특히 가족 단위의 외식, 각종 모임, 회식 등이 고기를 소비하는 방식으로 행해지고, 외식업의 상당수가 고기를 이용한 음식이기 때문이 아닌가? 우리가 치킨을 먹으면서 영양에 대해 생각하는 경우가 정말 있을까?

현대 사회에서 육식의 비중이 증가한 것은 고기를 먹으려는 우리의 욕망 때문이 아니라 육식을 권장하는 사회적 분위기와 '보이지 않는 손'의 영향력 때문인 경우가 대부분이다. 그 '보이지 않는 손'이 바로 세계의 육류산업을 지배하고 있는 소수의 국가와 다국적 기업들이다. 우리는 미국과 유럽에서 사육되는 가축의 먹이를 생산하기 위해 중남미 국가의 숲을 파괴함으로써 이윤을 취하는 것이 누구인지 생각해야 한다. 또한 현대의 육식 문화가 '나'를 포함한 대중의 음식 기호에서 비롯된 것인지, 그렇지 않으면

---

* 18세기 영국의 경제학자 애덤 스미스(Adam Smith, 1723~1790)가 『국부론』에서 사용한 개념이다. 그는 경제 주체들이 시장에서 가격 경쟁을 하면 공급과 수요가 자동적으로 결정될 것이라고 예상했고, 가격이 수요와 공급을 조절하는 역할을 가리켜 '보이지 않는 손'이라고 표현했다. 일반적으로 개인들이 자신의 이익을 추구하기 위해 상호 경쟁하면 사회 전체의 자원 배분이 저절로 이루어지는 시장 기능을 일컫는 말로 쓰인다.

우리에게 끊임없는 육식을 강제하는 힘이 작용한 결과인지에 대해서도 생각해 보아야 한다. 그리고 이 모든 '산업'의 논리로 설명되지 않는, 그럼에도 불구하고 경제 논리에 의해 너무도 간단히 무시되고 있는 동물의 고통과 생태·환경의 미래에 대해서도 고민해야 한다.

미국의 육류산업이 동물을 어떻게 취급해 왔는가는 1906년 미국에서 출간된 업튼 싱클레어(Upton Sinclair, 1878~1968)의 소설 『정글』에서도 드러난다. 1800년대 말 철도의 발달로 인해 미국에서는 시카고가 정육 생산의 새로운 중심으로 성장했다. 이러한 변화를 주도한 것은 80만평 규모로 조성된 유니언 스톡 야즈(Union Stock Yards)라는 산업단지였는데, 당시 세계 최대 규모를 자랑한 그곳은 컨베이어벨트를 포함한 첨단의 기계 장치를 도입하여 도축 속도를 기록적으로 높였다. 싱클레어는 시카고 정육산업의 실상을 파헤쳐달라는 한 신문사의 요청을 받고 시카고에 머물면서 유니언 스톡 야즈를 취재했으며, 『정글』은 바로 그 결과물이었다. 이 소설은 학살과 유사한 방식으로 동물을 도축하는 장면과 그 작업을 수행하면서 노동자들이 겪는 심리적 고통을 사실적으로 기록하고 있다.

"돼지가 차례로 족쇄에 묶이고 거꾸로 매달리면서, 꽥꽥대는 비명들이 더해졌다. 그 울부짖음은 장내를 압도했다. 꽥꽥거리는 비명.

꿀꿀거리는 소리, 고통에 찬 울부짖음이 범벅이 되었다. 잠깐 동안 잠잠하다가도 이내 전보다 더 큰 비명들이 터져나와 귀가 멀어버릴 듯한 절정에 이른다. 방문객들은 더 이상 참아내기 힘들 지경이었다. 남자들은 서로를 바라보며 신경질적으로 웃었다. 여자들은 피가 머리로 솟구치는 듯 두 손을 꼭 쥔 채 눈물을 흘리기 시작했다."

—업튼 싱클레어, 『정글』 중에서

😺 동물과 공존한다는 것 😺

현대 사회에서 '동물'에게 발생하는 모든 문제가 자본주의 탓은 아니다. 유기견이나 길고양이 학대는 '돈' 때문에 생기는 것이 아니기 때문이다. 그런 현상의 대부분은 동물이 인간보다 지위가 낮은 존재이므로 '주체'인 인간이 마음대로 해도 된다는 잘못된 생각에서 발생한다. 이런 점에서 '동물권' 문제는 사회운동가 캐서린 그랜트의 말처럼 인간이 바로 지금의 편견을 정직하게 검토하여 오만한 우월감을 극복할 수 있는지 확인하는 경이로운 시험이라고 말할 수 있다.

동물 학대와 관련하여 주목해야 할 또 하나의 사실은 사회에 대해 소외감을 느끼는 사람들이 사회에 대한 불만과 분노를 자신보다 약한 존재를 폭행함으로써 해소하려는 성향을 갖고 있고, 그 경우 주로 동물이 선택된다는 점이다. 이 경우 동물 학대는 사람을 겨냥한 폭력의 징후, 즉 여성이나 장애인 같은 약자에 대한 폭력의 전조 현상이다. 이 지점에서 '동물' 문제는 곧 '인간' 문제라는 사실이 드러난다.

인간이 동물보다 고귀하다는 사고방식, 세상의 중심은 '인간'이고 동물은 인간의 소유물이나 수단이고 도구라는 생각은 오래전에도 있었다. 철학자들은 이러한 사고방식을 인간중심주의(anthropocentrism) 또는 종차별주의(speciesism)라고 부른다. 인간중심주의란 서구의 근대적 자연관에 근거하여 인간 이외의 존재들을 인간의 목적을 위한 수단으로 활용할 수 있다는 주장이고, 종차별주의는 자신이 속한 종의 구성원들에게는 하지 않을 행동을 다른 종에게는 저지르는 '차별'의 논리를 의미한다. 물론 근대 문명 이전, 만물에 영혼이 깃들어 있다고 믿는 물활론(物活論)*적 문화권이나 동물을 포함한 모든 생명을 소중하게 대하는 문화권의 경우는 이런 주장에서 제외된다.

이처럼 현대 사회에서 동물에 대한 인간의 태도는 자본주의적 소유 관념, 동물을 식량으로만 간주하는 도구적 인식, 자신들의

---

* 생물과 무생물을 비롯한 모든 물질에 생명이 깃들어 있다고 믿는 사고방식이다. 현대 인들은 인간과 동물 사이에 커다란 차이가 존재한다고 생각하지만, 인류는 오랫동안 인간과 자연의 다른 생명체들이 동류(同類)라는 태도를 유지해 왔다. 오늘날 물활론은 생명이 없는 대상에 생명의 특성을 부여하여 살아 있는 존재처럼 대하는 태도를 가리키는 개념으로 쓰인다.

이익을 위해 육식을 반(半)강제하는 육류산업, 그리고 인간중심주의와 종차별주의가 종합되어 형성된 것이다. 이 때문에 '동물'을 둘러싸고 있는 문제는 단순한 논리나 법 제정만으로는 쉽게 해결되지 않는데, 이는 법으로 특정한 행동을 금지할 수는 있어도 생각 자체를 바꾸기는 어렵기 때문이다. 이런 이유로 최근에는 동물복지에 관한 법률을 제정하는 활동과는 별개로 '동물권'에 관한 논의가 활성화되고 있다.

동물권˙ 운동은 인간과 동물이 권리의 층위에서 동등하다고 주장한다는 점에서 동물복지나 동물보호 운동과 다르다. 동물복지론자는 인간에게 동물을 이용할 권리가 있다는 점을 인정하지만 동물의 권리는 인정하지 않는다. 그들은 인간이 동물을 이용하는 방식이 인도적어야 한다는 '보호' 논리를 강조한다. 반면 동물권 운동은 동물이 도덕적 지위를 갖는다고 주장하고, 인간과 동물 사이의 위계를 전제하는 인간중심주의를 비판하며 동물의 '권리'를 중시한다. 실제로 동물권 운동가들은 동물에 대한 모든 종류의 살상과 착취를 중단할 것을 주장한다.

동물권에 관해 이야기할 때 가장 자주 언급되는 사람이 윤리학

˙ 인간에게 인권이 있듯이 동물에게도 고통과 학대를 받지 않을 권리가 있다는 주장이다. 동물의 권리를 가리키기도 한다. 기존의 '동물보호' 운동은 동물을 인간의 도덕적 배려나 선의에 기대는 '보호'의 대상으로 간주한다는 점에서 인간과 동물의 수직적 관계 인식이라는 비판이 따랐다. 한편 '동물권' 운동은 인간과 동물을 동일한 생명, 즉 수평적 관계로 인식하고 동물에게도 그 자체로 존중받을 권리가 있다고 주장한다.

자 피터 싱어(Peter Singer, 1946~)이다. 그는 동물과 인간이 동일하게 '권리'를 갖는 이유는 그들이 모두 '고통'을 느끼기 때문이라고 말한다. 많은 사람들이 '이성'이나 '언어'의 유무를 기준으로 동물과 인간이 다르다고 주장하는 반면, 피터 싱어는 감성적 능력에 해당하는 '고통'을 기준으로 동물과 인간이 동일하다고 주장한다. 더욱 최근의 동물권 주장자들은 믿음·지각·기억·욕구 등을 갖고 있다는 점에 근거해 동물도 인간과 똑같은 삶의 주체라고 지적한다.

인류는 언제부터 인간과 동물 사이에 위계를 설정했을까? 데카르트 이후의 근대철학자들은 인간과 세계에 대해서는 서로 입장이 달랐지만 '동물'이 인간보다 낮은 존재라는 데에는 의견이 일치했다. 가령 동물을 '정신'이 없는 '자동기계(automata)'라고 주장한 데카르트, 동물은 환경에 반응할 뿐 '세계'를 갖지 않는다고 이야기한 하이데거(Martin Heidegger, 1889~1976), '동물은 우리를 볼 뿐, 바라보지 않는다'라고 주장한 아도르노(Theodor Wiesengrund Adorno, 1903~1969)가 대표적이다.

이러한 철학적 사고는 세상에 존재하는 모든 생명체를 인간을 기준으로 사고하기 때문에 인간 아닌 생명체들 간의 차이, 가령 개와 고양이의 차이, 늑대와 너구리의 차이 등을 간단히 무시한다. 또한 동물과 인간의 비교를 통해 인간이 세계의 중심이자 주체임을 주장하는 학설들은 대개 인간을 캐리커처(caricature)처럼 과장해서 생각하는 경향이 있다. 캐리커처는 왜곡이지 사실이 아니다. 마찬가지로 인간이 세계의 중심이라는 생각은 '믿음'이 될 수는 있지만 '과학'이라고 말할 수는 없다.

'동물'에 관한 문제의 근본적 해결책은 '동물'에 대한 그릇된 인식과, '인간'이 세계의 중심이고 주인이라는 믿음을 내려놓는 일에서 시작되어야 하며, 궁극적으로는 인간과 동물의 바람직한 공존 방식을 모색하는 데 있다. 관계가 바뀌면 태도가 달라진다는 말이 있다. 한 사람이 자신의 주변과 맺고 있는 관계, 나아가 사회 구성원들과 맺고 있는 관계를 살펴보면 그 사람이, 또는 그 사회가 어떤 곳인지를 알 수 있다. 타인과의 관계를 이해관계로 간주하는 태도에서 벗어나야 좋은 사회가 만들어지듯이, 동물을 소유나 도구가 아니라 함께 살아가는 동반자로 받아들일 때에야 올바른 의미의 '공존'이 가능해진다.

이런 점에서 경제를 우선시하는 사회 분위기가 인간관계를 파괴하고, 나아가 동물에 대한 인간의 태도를 더욱 폭력적으로 변하게 만든 것은 아닌지 생각해 보자. 코린 펠뤼숑의 말처럼 "동물의 고통에 공감하는 예민함은 타자에 대한 공감과 이해의 조건"이기도 하다. 동물에 대한 바람직한 태도, 인간과 동물의 공존은 동물이 '고기' 이전에 '생명'이라는 감각을 회복하는 일에서 시작될 것이고, 동물을 소유물이나 거래 대상으로 인식하는 삶의 방식을 바꿔나가는 과정에서 점차 해결될 것이다.

누군가가 '동물권'이 무엇이냐고 묻는다면 어떻게 대답해야 할까? 나는 동물이 소유물이나 거래 대상이 아닌 생명으로, 주체로, 나아가 인간의 진정한 반려로 간주되는 사회에서 동물에게 주어지는 권리라고 대답할 것이다.

✏ 먹어도 되는 동물과 먹으면 안 되는 동물을 구분할 수 있을까? 있다면 그 기준은 무엇일지 토론해 보자.

✏ 고기를 먹으려면 결국 도축할 수밖에 없는데도 동물을 사육할 때 윤리적 태도를 지켜야 하는 이유는 무엇일까?

🐾 종차별주의는 정말 나쁜 것인지 토론해 보자.

복지

수의사가 꿈꾸는
생명의 연대

박종무

수의사, 동물권행동 카라 이사

🐶 수의사의 자리 🐱

"수의사로서 나는 나의 과학적 지식과 기술을 사용하여 동물의 건강과 복지 보호, 동물의 고통 경감, 동물자원의 보존, 공공 건강의 증진, 의학지식의 향상을 통해 사회에 기여할 것을 엄숙히 맹세합니다."

—미국수의사회(AVMA), 〈수의사 선서〉 중에서

영국 요크셔 지방에 제임스 헤리엇(James Herriot, 1916~1995)이라는 수의사가 있었다. 시골 마을에서 동물병원을 운영하던 그는 요크셔 지방의 골짜기를 오가며 작은 고양이부터 커다란 소나 말까지 지역의 모든 아픈 동물을 정성껏 치료하고 돌보았다. 그리고 50세가 되어 그가 치료했던 동물들의 이야기를 글로 써서 발표했다. 특유의 유머와 함께 동물을 대하는 따스한 마음과 삶에 대한 정감어린 통찰이 담긴 그의 글은 전 세계의 많은 독자들로부터 사랑을 받았다.

헤리엇 시리즈로 불리는 『수의사 헤리엇의 개 이야기』, 『수의사 헤리엇이 사랑한 고양이』, 『이 세상의 눈부시게 아름다운 것들』, 『이 세상의 똘똘하고 경이로운 것들』이라는 책 제목만으로도 그의 동물 사랑을 느낄 수 있다. 그의 글을 보고 수의사를 직업으로 선택한 사람도 적지 않다. 헤리엇의 글이 나의 직업 선택에 직접적인 영향을 미친 것은 아니지만, 나도 그의 글을 읽을 때마다 치료하고 있는 동물을 그와 같은 따스한 마음으로 대하고 있는지 되돌아보곤 한다.

하지만 수의사는 동물에 대한 따뜻한 마음만으로는 해결할 수 없는 어려운 고비와 순간을 매번 경험하는 직업이다. 반려동물을 키우는 사람들이 늘어나면서 동물에 대한 시각도 많이 변화했지만 우리 사회가 동물을 바라보는 인식은 아직 갈 길이 멀다. 수의사 선서에 쓰인 것처럼 과학적 지식을 기초로 아픈 동물을 치료하고 살려내는 것만 고집할 수 없는 현실이 존재한다.

수의사는 아픈 동물뿐만 아니라 실질적으로 의료비를 지불하는 반려인과도 관계를 맺고 있다. 수의사의 결정은 우선적으로 동물을 위한 것이어야 하지만, 반려인의 태도와 사회적 현실에도 많은 영향을 받는 것이 사실이다. 그 결정이 동물의 복지와 충돌할 때 수의사는 생명 윤리에 대한 도덕적 책임감 앞에서 많은 갈등을 겪게 된다. 이런 고민은 반려동물만이 아니라 가축이나 실험동물을 포함한 동물 전반의 처우와 관련해서도 발생한다.

수의사는 반려인과 사회가 동물에 관한 여러 가지 결정 앞에서 망설일 때 자신의 지식에 기초해서 가장 합리적인 방법을 찾는 것을 도움으로써 자신의 도덕적 책임을 다한다. 그렇다면 수의사는 동물과 인간의 이해가 충돌할 때 어떤 역할을 할 수 있을까?

🐶 동물의료비와 안락사 🐱

2017년 겨울 천안에서 코커스패니얼이 쓰레기봉투에 넣어진 채로 버려졌다. 지나가던 행인에 의해 구조되었지만 노령이었던 개는 결국 숨을 거두고 말았다. 나중에 범인으로 잡힌 사람들은 그 개를 15년 동안 키운 딸과 아버지였다. 버려진 개는 노년의 개들이 대부분 겪는 여러 가지 질병들을 가지고 있었고, 형편이 어려웠던 주인은 결국 개를 버렸다. 죽어가는 모습을 보기 힘들다는 것이 그 이유였다. 살아 있는 개를 쓰레기처럼 버린 주인은 동물보호법 위반으로 구속되었다. 그런데 이 사건에는 다른 동물 학대와는 다르게 생각해 봐야할 점들이 있다. 이것은 동물의료비 문제, 안락사, 그리고 동물의 죽음에 대한 태도 등을 모두 포함하는 사건이라고 할 수 있다.

열다섯 살이 넘은 개라면 만성적인 피부병이나 심장병 같은 질환으로 많은 관리가 필요했을 것이다. 형편이 넉넉한 입장이 아니라면 노령견을 위한 정기적인 관리비를 감당하기 쉽지 않다. 노령견이 아니더라도 반려동물을 키우다보면 사료비, 미용비, 동물병원 진료비 등 적지 않은 비용이 들어간다. 그중에 동물병원 진료비는 특히 반려인들의 불만이 큰 부분이다. 그에 반해 수의사들은 비싼 편이 아니라고 반론을 편다. 누구의 주장이 맞는 이야기일까?

실제로 동물병원의 진료비는 동물병원마다 다르고 심각한 질병이 생겼을 때에는 적지 않은 진료비가 들어가기 때문에 반려인들의 입장에서는 동물병원의 진료비가 비싸다는 생각을 하지 않을 수 없다. 사람이 감기에 걸려서 병원에 가면 몇천 원의 진료비를 내지만 동물은 몇만 원을 지불해야 하니 동물병원 진료비가 사람 병원보다 비싸다고 생각하게 된다. 위급상황이 발생해 야간에 응급 진료가 가능한 동물병원에 반려동물을 입원시키게 되면 수백만 원의 돈을 지불해야 하는 경우도 있다.

그러나 사람과 동물의 진료비를 숫자의 차원으로만 단순히 비교하기에는 곤란한 점들이 있다. 사람을 치료하는 병원은 환자 치료에 발생한 비용 중 환자가 부담한 금액을 제외한 나머지 비용을 보험공단으로부터 지원받는다. 그에 비해 동물은 보험이 보편화되지 않았기 때문에 반려인에게 받는 진료비가 전부이다. 또 사람 병원은 한 사람을 진료하는 데 평균 6분 정도의 시간이 걸리지만 동물병원에서는 20분 이상 시간이 소요된다. 따라서 단순히 금액만의 차이를 비교하여 이야기하는 것은 문제가 있다.

하지만 아무리 수의사의 입장에서 동물의료비가 비싼 이유를 설명해 봐도 반려인이 동물병원 진료비에 대해 느끼는 부담을 어찌할 수 없다. 이런 이유 때문에 아예 처음부터 아픈 반려동물을 병원에 데려가지 않거나 도중에 치료를 포기하는 경우도 발생한다. 고칠 수 있는 질병이고 살릴 수 있는 반려동물임에도, 포기하는 반려인 앞에서 수의사가 느끼는 마음의 갈등은 쉽게 말로 표현하기 힘들다.

앞선 사례처럼 경제적인 형편이 어려워 반려동물의 치료를 포기하는 많은 반려인들이 있다. 지금 같은 현실에서는 무작정 그들을 개인적으로 비난하기보다 반려동물 보험 상품을 좀 더 확대해서 실시하는 것이 하나의 대안이 될 수 있을 것이다.

한편 반려동물을 더 이상 키울 수 없다는 이유로 반려인이 동물병원에 안락사를 문의하는 경우도 간혹 있다. 이런 경우에 수의사의 입장에서 반려동물의 이익을 대변할 것인가 반려인의 이익을 위할 것인가에 대한 윤리적 갈등의 여지는 없다. 왜냐하면 순전히 반려인의 이익 때문에 아프지도 않은 반려동물의 생명을 거두는 것은 동의하기 어렵기 때문이다.

그런데 이와 유사한 맥락에서 안락사 되는 동물들이 있다. 바로 유기동물이다. 유기동물보호소에서 행해지는 안락사는 건강상의 이유보다는 늘어나는 유기견의 숫자를 감당할 수 없는 이유가 크다. 이렇게 행해지는 안락사는 어떤 문제를 안고 있는 것일까?

안락사는 생사의 갈림길에 처한 사람의 최선의 이익을 위해 적극적으로 죽음에 이르게 하는 행위나 소극적으로 생명 연장을 중단하는 행위를 통해 죽음에 이르게 하는 것을 일컫는다. 적극적인 안락사와 소극적인 안락사로 나눠 살펴보자면, 적극적인 안락사는 범죄에 해당하지만 죽음의 길로 들어서는 것이 확실할 때 생명 연장 장치를 떼는 등의 소극적인 안락사는 합법적으로 시행되고 있다.

어떤 경우라도 안락사는 대상이 되는 '유기체의 최선의 이익'을 위해 고통 없이 죽음을 맞도록 해야 한다. 그런데 보호소의 안락사는 유기동물을 위한 것이 아니라 관리의 편리성을 위해 실시하는 것이기에 반생명적인 행위로, 윤리적 문제가 제기된다. 반려인의 결정이든 보호소의 결정이든 현재 한국에서 시행되는 많은 동물들의 안락사는 '유기체의 최선의 이익'과는 상관없이 동물을 죽음에 이르게 하기 때문이다. 그래서 이런 경우에 안락사라고 하지 않고 살처분이라는 용어를 써야 한다고 주장하는 사람들도 있다.

우리도 유기동물을 죽이는 방식이 아니라, 독일의 동물보호소 티어하임(Tierheim)*과 같이 안락사 없이 동물을 돌볼 수 있는 시스템을 구축하고, 적극적으로 입양을 보내는 방식을 모색하여 비록 버려진 동물들이라 할지라도 생명의 존엄성이 지켜지는 시스템을 모색해야 한다.

안락사는 대부분 나이 많은 동물들을 두고 고민하는 문제다. 모든 동물들이 그렇듯이 반려동물도 나이가 들어 늙게 되면 이런 저런 병을 앓기도 한다. 쉽게 치료가 되는 병도 있고 때로는 쉽게 치

---

* 독일의 대표적인 동물보호시설로 '동물(tier)의 집(heim)'이라는 뜻을 담고 있다. 안락사가 없고 입양률이 90퍼센트에 이르는 것으로 널리 알려져 있으며, 개와 고양이를 포함하여 1400여 마리의 동물을 보호하고 있다. 연간 운영비가 100억 원이 넘지만 전액 회원들의 회비와 기부금으로 유지되고 있다. 쾌적한 시설에서 봉사자들의 도움을 받아 동물을 돌보며, 입양 희망자는 반려동물을 키우기 위해 필요한 교육을 수개월 받아야 한다.

료되지 않는 병도 있다. 반려동물이 노화로 인하여 병든 경우 대부분의 반려인들은 마지막 순간까지 정성껏 돌봐준다. 그런데 간혹 어떤 반려인은 치료해도 쉽게 낫지도 않고 치료비만 들어가니 안락사를 해달라고 요구하는 경우도 있다. 이럴 때는 어떻게 하는 것이 좋을까?

반려동물이 겪을 고통을 생각한다면 안락사를 행하는 것이 반려동물과 반려인을 위한 최선의 이익이라고 생각할 수도 있다. 하지만 반드시 그런 것은 아니다. 아픈 반려동물에게 최선의 이익은 치료해서 아프지 않게 하는 것이다. 치료가 잘 되지 않는다고 하더라도 진통제를 처방하는 등의 다른 방법을 통해 고통을 줄여주며 마지막을 함께 지켜주는 것이 그 반려동물에게는 가장 최선의 이익이다.

늙고 아픈 동물을 치료하지 않고 안락사 시키겠다는 반려인의 마음 안에 경제적인 부담을 피하려는 의도가 있다고 해도 무작정 당사자를 비난할 수는 없다. 수의사의 역할이 동물의 복지를 우선하는 것이라면, 수의사는 반려동물이 조금이라도 편안하게 죽음을 맞이하기 위해서 생명을 연장하는 적극적인 치료 외에도 고통을 줄여 주는 다른 방법들이 있다는 것에 대해 반려인과 이야기할 수 있다. 특히 노령으로 인한 반려동물의 죽음을 지키는 반려인은 그 과정에 관한 정보도 없이 막연한 공포감에 휩싸이기도 하고 그 과정을 감당하기 힘들어 하기도 한다. 위의 사례에서 버려진 코커

스패니얼의 주인 역시 죽어가는 모습을 지켜보기 힘들었다는 말을 했다. 동물을 살리는 것뿐만 아니라 반려동물의 죽음에 대한 반려인의 이해를 돕는 것 역시 수의사의 몫이 아닐까?

🐶 전염병으로 인한 가축 살처분은 불가피한 것일까? 🐱

또 다른 형태의 동물의 죽음에 관해 이야기해 보자. 최근 동물과 관련된 심각한 이슈는 가축 전염병이 발생했을 때 확산 방지라는 명목으로 반복적으로 많은 수의 건강한 가축을 죽이는 살처분 문제이다.

2010년 안동에서부터 시작하여 전국적으로 확산된 구제역 사태는 많은 사람들에게 커다란 충격을 주었다. 이전에도 가축 전염병이 발생하면 확산을 막기 위하여 인근의 가축을 죽이는 일이 있었고, 사람들도 이것이 필요한 조치라고 생각하였다. 그런데 당시 방송을 통해 가축들이 살처분 되는 장면을 본 사람들은 큰 충격을 받았다. 영상 속의 방역 팀들은 땅에 깊은 구덩이를 파고 살아 있는 소와 돼지를 포클레인으로 몰아서 산 채로 파묻었다. 땅 구덩이로 내몰리는 소는 너무나 놀라 커다란 눈에서 눈물방울이 흘러내렸다. 또 어린 송아지는 그런 아수라장 속에서 어찌할 바를 모르며 어미 소에게서 떨어지지 않으려고 안간힘을 썼다. 어미 소는

125

송아지를 돌아보며 목이 터져라 울부짖었다. 우리는 어떤 명분으로 생명을 이렇게 대하는 것일까?

현재 방역 당국은 구제역이나 조류인플루엔자와 같은 가축 전염병이 발생하는 경우 그 전염병이 확산되는 것을 방지하기 위하여 예방적 살처분이라는 이유로 500미터에서 3킬로미터 인근 농장의 가축들을 살처분하고 있다. 그 결과 2010년 구제역 사태 때에는 153마리의 가축이 전염병에 걸렸지만 350만 마리에 가까운 가축이 살처분되었다. 또한 비슷한 시기에 발생한 조류인플루엔자로 인해 53마리의 가금류가 전염병에 감염되었지만 650만 마리의 가금류가 살처분되기도 했다. 이는 2010년 당시 사육되던 전체 소, 돼지의 26퍼센트와 가금류의 43퍼센트 해당되는 양이었다.

이러한 살처분은 거의 해마다 반복되고 있다. 2019년 겨울에 발생한 아프리카돼지열병(ASF)의 경우 당국은 강화도를 비롯한 경기도 이북 지역의 모든 돼지를 살처분했고, 멧돼지가 전염병을 전파할 수 있다며 전국적으로 멧돼지 사냥을 독려하기도 하였다.

사람들은 전염병에 걸린 가축을 방치하는 경우 심각한 문제가 발생하기 때문에 인근의 가축들까지 죽여서라도 전염병을 예방하려는 방역 활동이 필요하다고 생각한다. 하지만 구제역의 경우 전염병에 걸리더라도 면역력만 건강하다면 대부분의 개체는 회복되고 죽음에 이르는 치사율은 1퍼센트 미만이다. 이정도의 치사율이 심각하다고 생각할지 모르지만, 공장식 축산 환경에서 사육되는 돼지는 평상시에도 11퍼센트 정도의 폐사율을 보이고 있다. 그에 비하면 1퍼센트의 치사율은 전혀 문제가 되지 않는다.

실제로 영국의 농부들은 구제역에 대해 사람들이 감기를 앓듯이 소, 돼지가 살면서 한 번쯤 앓고 지나가는 병 정도로 대수롭지 않게 여긴다. 그럼에도 불구하고 영국 정부는 부농들이 사육하는 값비싼 소들을 보호하기 위해 일반 농민들이 사육하는 가축이 구제역에 감염될 경우 살처분되도록 규정하였다. 우리는 소위 축산 선진국들이 정한 방식을 맹목적으로 따라하고 있는데, 이것이 바람직한 것인지에 대해서는 고민이 필요하다.

여기에서 우리는 바이러스와 유기체의 관계를 좀 더 깊이 있게 이해해야 한다. 사람들은 세균이나 바이러스를 질병의 원인체인 병원균 정도로만 생각한다. 이것은 생명의 관계에 대한 우리의 잘못된 인식을 드러내는 부분 중 하나이다. 이렇게 생명의 관계에 대해 우리가 잘못 알고 있는 까닭은 여러 가지가 있는데, 지나치게 경쟁을 강조한 다윈의 진화론 탓도 있다. 다윈은 강한 자가 경쟁에서 살아남는다는 적자생존으로 생물의 진화를 설명하였다. 하지만 생물은 경쟁을 통해서만 진화한 것이 아니라 다양한 방식으로 공생하며 공진화(共進化)하였다. 그 결과 모든 유기체는 세균과 바이러스가 있는 환경에 적응하여 오늘날에 이르렀다. 따라서 세균이나 바이러스는 유기체에게 낯선 존재이거나 괴물이 아니다.

미국 국립보건원 주관으로 인간 미생물의 분포와 질병 간의 상호관계를 밝히고자 실시한 인체미생물군집프로젝트(HMP) 연구 결과에 따르면, 사람의 몸에는 1만 종이 넘는 미생물이 있다. 또 사람의 폐에는 평균 174종의 바이러스가 있는 것으로 밝혀졌다. 이들 세균이나 바이러스는 평상시 사람에게 해를 끼치지 않고 공존하면서 살아간다. 이와 같은 방식으로 모든 유기체에는 각자에게 적응한 고유의 바이러스와 세균들이 존재한다. 그리고 그러한 상태로 건강하게 살아간다.

철새는 수만 년에 걸쳐 인플루엔자 바이러스가 있는 물에서 헤엄을 치고 먹이를 잡아먹으면서 인플루엔자 바이러스에 감염되어도 문제가 없이 건강하게 살아왔다. 문제는 이들이 건강하게 살아왔던 환경을 인간이 파괴하면서 시작되었다. 철새들이 먹이를 구하고 쉴 곳이 줄어듦에 따라 철새들이 축산 시설에 접근하자, 가금류들에게 바이러스가 전파되어 문제가 심각해졌다.

아프리카에 사는 멧돼지들은 아프리카돼지열병의 자연 숙주*로, 감염되어도 큰 증상 없이 대부분 건강하게 살아간다. 그런데 유럽인들이 아프리카 멧돼지를 사하라 사막 건너 유럽으로 데리

---

* 바이러스와 같은 전염병의 병원체에 오랜 기간 동안 감염되어 적응된 상태에 이른 생물을 일컫는다. 바이러스는 유기체를 죽음에 이르게 하기도 하지만, 감염 상태가 오래 지속될 경우 병원체와 숙주가 서로 적응하게 되어 무증상 혹은 치명적이지 않은 증상을 보이게 된다. 2019년 발생한 코로나19의 자연 숙주로 여겨지는 박쥐는 코로나 바이러스에 감염되어 있어도 아무런 증상을 보이지 않는다. 하지만 이 바이러스가 인간에게 전파되면서 팬데믹(전염병의 세계적 대유행) 사태를 유발하게 되었다.

고 오면서 바이러스가 전파되었다. 사람에게 심각한 문제를 야기하고 있는 후천성면역결핍증(AIDS) 바이러스도, 에볼라 바이러스도 마찬가지다. 이 바이러스들은 그들의 자연 숙주였던 원숭이나 박쥐에게는 아무 문제도 일으키지 않는다. 인간이 동물과 바이러스가 맺고 있던 공존의 환경을 파괴함으로 인해 바이러스들이 인간에게 전파되면서 문제가 발생했다.

여기에서 우리가 무엇을 고민해야 하는지 드러난다. 지금처럼 가축 전염병이 발생할 때마다 가축을 대량으로 살처분하는 것은 근본적인 문제를 예방하는 방법이 아니다. 정작 고민해야 하는 것은 인간이 자연 생태계를 파괴함으로 인하여 각각의 자연 숙주와 균형을 유지하고 있던 바이러스들이 인간에게 전파될 가능성이 점점 더 커지고 있는 현실이다.

빠른 속도로 아마존 밀림을 파괴하는 것에 대하여 많은 과학자들이 심각한 우려를 표하고 있는 것도 바로 이런 이유 때문이다. 기후 변화로 인하여 생명체들 간의 관계에 큰 변화가 발생할 것을 우려하는 것이다. 따라서 우리는 가축 전염병과 같은 사태에서 건강한 동물을 대량으로 죽이거나 바이러스가 문제의 전부인 것처럼 대응하는 방식에서 벗어나서 지금과 같은 방식으로 자연의 생명과 생태계를 파괴하는 행위를 반성적으로 되돌아봐야 할 것이다.

🐶 강아지 사회화 교육은 왜 해야 하나요? 🐱

동물병원에서 반려견에 대한 상담을 하다보면 개가 집에 혼자 있는 동안 짖는 문제로 도움을 구하는 반려인들이 많다. 그중 십중팔구는 이웃집에서 민원을 넣어 더 이상 키울 수 없을 것 같다며 개를 보낼 만한 곳이 있느냐는 상담이다. 안타깝게도 우리나라에서는 현재 키우던 반려견을 사정상 못 키우게 되었을 때 보낼 수 있는 곳이 없고, 개인이 주변에 수소문하여 보낼 곳을 찾아야 한다. 그런데 보낼 만한 다른 곳을 찾기 이전에 이런 문제가 발생하게 된 근원적인 문제는 무엇이고 어떻게 하면 예방할 수 있을까를 고민해야 하지 않을까?

반려견이 혼자 남았을 때 심하게 울부짖는 것은 어린 시절에 다양한 환경에 적응하고 독립심을 갖도록 하는 사회화 교육이 되지 않았기 때문에 발생하는 문제이다. 강아지들이 사회화 시기에 적절한 사회화가 되지 않는 경우, 다 자란 후에도 여러 가지 심각한 문제 행동을 보이게 된다. 혼자 있을 때 불안을 느끼는 강아지는 하루 종일 늑대처럼 울부짖는 하울링을 하거나 불안을 해소하기 위하여 집안의 물건을 어지럽히고 심지어 벽지나 문을 파손시키기도 한다. 또 낯선 개나 사람을 보면 친근하게 대하지 못하고 겁을 먹어 도망가거나 반대로 공격적인 반응을 보이기도 한다. 어디론가 이동하기 위해 차를 타면 두려움 때문에 폭포수같이 침을 흘리는 행동 역시 사회화가 제대로 되지 않은 결과이다.

이러한 행동들은 강아지가 사회화 시기(생후 4주~14주 사이)에 경험하고 익숙해졌어야 하는 다양한 상황들을 접하지 못하면서 발생하는 문제들이다. 사실 자연의 동물들은 이런 문제가 거의 발생하지 않는다. 야생에서 태어난 동물들은 살아가면서 익혀야 할 많은 습관들을 어미로부터 익히기 때문이다. 또 같은 무리의 새끼들이나 다 큰 동물들과 무리 생활을 하면서 어떻게 다른 동물들과 관계를 맺어야 하는지를 부지불식간에 배우고 익히기 때문이다.

그런데 오늘날 반려견은 대부분 강아지 공장이라는 곳에서 태어나면서 그런 기회를 가지지 못한다. 그곳에서 어미 개는 좁은 곳에 갇힌 상태로 새끼에게 무엇을 가르칠 시간과 환경을 제공받지 못한다. 강아지는 그런 상태에서 한 달가량 키워진 후 바로 낯선 사람에게 분양이 된다. 작고 예쁜 강아지를 분양해 온 집에서는 아프지 않게 자라도록 정성껏 돌보지만, 강아지는 이 시기에 필요한 다양한 동물이나 낯선 사람, 낯선 환경에 대한 경험을 하지 못한 채 집에서 가족들과만 지내게 된다.

다른 개들과 어떤 방식으로 소통하고 관계를 익혀야 하는지 경험하지 못한 강아지들은 오직 반려인들과 접촉하고 친해지면서 반려인과만 사회화가 되는 것이다. 그래서 동물병원에 오는 반려인들이 많이 하는 말 중에 하나가 바로 "우리 개는 자기가 사람인 줄 알아요"이다. 다른 개들은 너무 무서워하고 사람하고만 있으려고 하기 때문이다. 이것이 강아지가 다른 개들과 사회화가 제대로 되지 않은 결과이다.

부모들이 자녀들을 잘 키운다고 말할 때, 자녀들에게 먹을 것을 충분히 먹이고 불편함이 없도록 키우는 것만을 뜻하는 것이 아니다. 만약 어린아이를 집에서 잘 먹이고 잘 입히지만, 유치원이나 학교에 보내지 않는다면 그것은 아동 학대 행위이다. 자녀를 잘 키운다는 것은 지금 당장 불편하지 않고 행복하도록 돌보는 것뿐만 아니라 아이가 자라서 사회적 존재로서 제 몫을 하는 성인으로 성장할 수 있도록 돌보는 것을 의미한다.

강아지 또한 마찬가지이다. 강아지를 건강하게 키운다는 것은 어렸을 때 고통을 받지 않도록 돌보는 것뿐만 아니라 강아지가 자란 후에 다른 사람들이나 다른 동물들을 만났을 때 원만한 관계를 맺을 수 있도록 어릴 적에 충분한 경험을 시켜주어야 한다는 것이다. 그렇기에 반려인은 강아지가 관계를 맺고 사회화할 수 있는 환경을 자주 접할 수 있도록 해주어야 한다.

🐶 중성화 수술이 꼭 필요한가요? 🐱

어린 강아지와 고양이의 기본적인 예방접종이 끝날 무렵이면 동물병원에서 꼭 권하는 것이 중성화 수술이다. 중성화 수술은 수컷의 고환과 암컷의 난소와 자궁을 제거하는 수술이다. 동물병원에서 중성화 수술을 권하면, 보호자들 중에는 자연적으로 타고난 본능적 욕구를 제거하는 것은 잔인한 행위라며 중성화 수술을 결단코 반대하는 경우도 간혹 있다. 어떻게 하는 것이 동물에게 유익한 것일까?

동물병원에서 반려동물의 중성화 수술을 권하는 이유는 다음과 같다. 우선 개나 고양이 모두 수컷의 경우 성장하면 성호르몬이 왕성히 분비되는데, 그 시기가 오면 여러 가지 성적 행동들을 보이기 시작한다. 그중에 가장 문제가 되는 것은 자기의 영역을 표시하기 위해 다리를 들고 기둥이나 벽에 오줌을 누는 행위이다. 이것을 마킹 또는 스프레이라고 부른다. 이러한 행위는 시간이 지날수록 성호르몬의 영향으로 더 심해지고, 오줌 냄새 또한 더 역해진다. 무더운 여름날에는 집안에 오줌 지린내가 진동을 하게 된다. 마킹은 성호르몬의 작용으로 인한 수컷의 자연스러운 행동이기 때문에, 그런 행동을 하지 못하게 하는 것은 동물들에게 큰 스트레스가 되기도 하고, 일단 몸에 배면 고치기 힘들다. 결국 마킹은 개를 다른 집으로 보내는 큰 이유가 되기도 한다.

수컷의 성호르몬으로 인한 두 번째 행동은 인근에 발정 난 암컷이 있는 경우 심하게 흥분하는 것이다. 암컷들은 발정이 나면 페르몬이라는 물질을 분비하는데 이것이 공기를 타고 멀리 퍼져나간다. 그래서 마당에서 개를 키우던 시절에 암캐가 발정이 나면 동네의 모든 수컷이 대문 앞으로 몰려들었다. 하지만 요새는 대부분의 반려견들이 아파트와 같은 주거지에서 생활하기 때문에 수컷이 자극을 받아도 해소할 방법은 없고 스트레스만 쌓이게 된다.

수컷이 중성화를 하지 않을 경우 호르몬의 영향으로 공격성이 커지는 문제도 발생한다. 물론 공격성 증가가 호르몬 때문만은 아니지만 대체로 수컷의 호르몬 분비가 많아지면 공격성 또한 증가한다. 이러한 경우 개가 가까운 식구들이나 다른 사람들을 물 수도 있기 때문에 수컷의 중성화 수술은 반드시 필요하다.

사실 성호르몬으로 인한 성격의 변화들은 자연에서 생존하는 동물들에게 모두 필요하고 자연스러운 것들이다. 동물들의 자연스러운 욕구를 알고 있는 수의사로서 타고난 욕구들을 제거하는 수술에 대해 미안한 마음도 없지 않다. 문제는 현재 동물들을 자연 상태에서 자유롭게 키우지 않고 있으며 주위 환경도 그럴 수 없다는 데에 있다. 동물들이 무리 지어 어울리면서 알아서 서열도 정하고 짝짓기를 하며 스스로를 보호하기 위해 공격성을 갖는다면 그런 본성들은 자연스럽고 바람직할 것이다.

하지만 다른 개들과 격리되어, 갇힌 공간에서 사람과만 살아가는 현재의 환경에서는 이런 본능들이 문제가 된다. 또 온통 빠르게 달리는 자동차로 에워싸여 있는 환경에서 자유롭게 짝을 찾으라고 동물을 거리로 내보낼 수도 없는 형편이다. 그렇기에 변화된 환경에 따라 개의 스트레스를 완화할 수 있는 방법을 찾는 것이 개를 위한 최선의 선택일 것이다.

개와 고양이가 암컷인 경우 중성화 수술을 권하는 이유가 달라진다. 고양이는 발정기가 되면 밤새도록 아기 울음소리를 내며 운다. 이 과정은 고양이도 힘들지만 같이 지내는 사람도 몹시 힘들게 한다. 그래서 암고양이는 첫 발정이 오기 전에 중성화 수술을 권한다. 한편 암캐의 경우 나이가 들면 자궁에 염증이 생기고 고름이 가득 차는 자궁축농증과 유방암 등 생식기 관련 질병의 발병률이 높아진다. 따라서 질병 예방을 목적으로 중성화 수술을 권하고 있다.

하지만 여기서 한번 더 생각해 볼 점이 있다. 과연 자궁축농증이나 유방암이 중성화 수술을 하지 않아서만 생기는 문제일까? 자궁축농증이나 유방암은 나이가 들고 면역력이 저하되어 발생하는 문제이다. 그렇기에 나이가 들면서 반려견의 면역력이 저하되지 않도록 잘 돌봐주어야 한다. 여기서 정말 고민해야 할 중요한 문제가 있다. 반려동물의 면역력을 건강하게 유지하기 위해서 중요한 것이 무엇인가 하는 것이다.

🐶 반려동물의 건강한 먹거리 🐱

반려동물의 건강을 위해서 중요한 것들은 무엇일까? 스트레스 받지 않는 환경이나 규칙적인 운동 등 여러 가지 중요한 것들이 있지만, 그중에서도 가장 중요한 것은 건강한 먹거리이다. 반려동물에게 건강한 먹거리는 무엇일까? 사람들은 반려동물의 건강한 먹거리가 반려동물용 사료나 간식이라고 생각한다.

거의 모든 수의사들이 동물에게는 사람 음식을 먹이지 말고 사료를 먹여야 한다고 말한다. 나 또한 그런 이야기를 선배들로부터 들으며 임상을 시작했다. 하지만 생명에 대해 깊이 고민하고 현실에서 발생하는 문제들을 오래 겪으며 사료와 간식이 반려동물의 건강한 먹거리가 아니라는 것을 알게 되었다. 사료는 그저 반려인들이 상대적으로 저렴한 비용으로 그나마 믿고 편리하게 구입해 먹일 수 있는 먹거리이며 사료 회사에 이익을 안겨다주는 제품일 뿐이지 건강에 그다지 유익한 먹거리는 아니다. 이것이 불편한 진실이다.

반려동물은 성장하면서 다양한 이유로 동물병원을 찾게 된다. 강아지 때에는 예방접종을 위해 가지만, 그 시기가 지나면 반려견의 전 생애를 걸쳐서 동물병원을 가장 많이 찾게 이유는 피부병이나 귓병 때문이다. 왜 이렇게 많은 반려견들이 피부와 관련된 질병으로 동물병원을 찾는 것일까? 거기에는 여러 가지 이유가 있지만 단연 먹거리의 영향이 가장 크다. 먹거리에 문제가 많기 때문에 그로 인해 피부와 관련된 다양한 문제들이 생기는 것이다.

사람들은 피부에 문제가 생겼을 때 동물병원이 근본적인 문제를 해결해 줄 것이라고 생각하지만 사실은 그렇지 않다. 보통 반려동물에게 피부병이 생겨 동물병원에 가면 수의사는 항생제나 스테로이드제 약물을 많이 처방한다. 이런 약물을 처방하면 붉거나 가려웠던 피부가 괜찮아지기 때문에 사람들은 문제가 해결되었다고 생각한다. 사람을 치료할 때에도 마찬가지이다. 하지만 이는 문제의 원인을 해결하는 것이 아니라 증상만을 억제하는 것이다.

증상 해결과 원인 해결이 어떻게 다른지에 대해 의문을 가질 수도 있다. 가령 감기에 걸리면 열이 나는데, 사람들은 몸에서 열이 나는 것이 불편하기 때문에 병원에 간다. 그리고 병원에서 열을 떨어뜨리기 위해 해열제를 처방한다. 현대 서양의학은 발열 증상처럼 평상시와 다른 상태를 안 좋은 것이라고 생각하고 그 증상을 없애는 방향으로 약물을 처방한다. 이것을 대증요법이라고 한다.

감기에 걸렸을 때 몸에서 열이 나는 것은 감기의 원인인 감기 바이러스를 죽이기 위한 과정이다. 그런데 그런 열을 해열제로 억제하기 때문에 감기 바이러스는 내 몸에 남게 된다. 이런 문제 때문에 유럽의 경우 감기에 걸렸을 때 병원에 가면 영양가 있는 음식을 먹고 집에서 몸을 따뜻하게 하고 편히 쉬라고 이야기하며 가급적 약을 처방하지 않는다. 약이 몸에서 감기를 이겨내는 과정을 방해하기 때문이다.

반려견의 피부병이나 귓병도 어떤 근원적인 문제를 풀기 위해 몸이 염증 반응을 일으키는 것인데, 서양 의학은 이 염증 반응이 가렵고 불편하기 때문에 스테로이드제와 같은 약물로 증상만 억

제한다. 하지만 근본적인 문제는 남아 있기 때문에 약 기운이 떨어지면 증상이 재발하게 되고, 시간이 지나면서 피부 상태는 점점 더 나빠진다. 그것이 아토피 증상이다.

그렇다면 아토피 증상을 유발하는 원인은 무엇일까? 현대 의학은 유전자를 비롯하여 매우 다양한 것들을 아토피 유발 인자로 이야기하고 있다. 하지만 인간의 아토피가 사회적으로 문제화되기 시작한 것은 1960년대로, 미국에서부터 산업 선진국들 위주로 확산되었다. 아토피 관련 유전자가 갑자기 생긴 것일까? 유전자는 그렇게 쉽게 바뀌는 것이 아니다. 문제는 환경 속에 스며든 다양한 화학 물질이다. 대기 오염이 그렇고 먹거리와 관련해서는 방부제, 식품 첨가물, 사료 첨가제와 같은 화학 물질이 주원인이다.

화학 약품의 문제를 제기한 책으로는 레이첼 카슨(Rachel Carson, 1907~1964)의 『침묵의 봄』이 잘 알려져 있다. 화학 약품을 생산하는 기업들은 화학 약품이 자연에 아무런 피해도 끼치지 않는다고 주장했지만 카슨은 화학 약품으로 인해 생태계가 손상받고 있음을 밝혀냈다. 우리가 일상적으로 먹고 있는 식품 첨가물이나 반려동물의 사료에 들어 있는 첨가물 또한 마찬가지이다. 이런 화학 첨가물은 카슨의 책에서 볼 수 있듯이 생물에 축적되어 다양한 문제를 야기할 수 있으며, 반려견 아토피의 일차적인 원인이기도 하다.

음식에 첨가되는 방부제와 음식첨가제 그리고 동물들의 사료 첨가제는 많은 양의 상품을 장시간 유통할 수 있게 함으로써 소비자가 싼 가격에 제품을 구입할 수 있도록 해주었다. 하지만 이러한 화학물질이 장시간에 걸쳐 몸에 축적되는 경우 여러 가지 문제가 발생할 수도 있기 때문에, 반려견의 피부에 문제가 있다면 사료 첨가제가 들어간 사료 대신 요즘 많이 개발되고 있는 건강한 먹거리들을 찾아보는 것이 좋다.

☺ 동물이 우리에게 던지는 질문 ☺

수의사는 우리 모두가 생명의 고리 속에 있다는 것을 몸으로 느끼며 살아가는 직업이다. 동물이 처한 현실이 어떠한지 매일매일 경험하다 보면, 수많은 동물의 떼죽음이나 전염병과 같은 과도한 질병이 모두 우리 인간이 빚어낸 불행이라는 점을 인정하게 된다.

노벨화학상을 받은 대기화학자 파울 크뤼천(Paul Crutzen, 1933~)은 2000년에 지구환경에 대한 인간의 책임을 의무화하는 인류세(人類世, Anthropocene)* 개념을 제안하면서 큰 이슈가 되었다. 우리가 살아가는 현시대를 성찰하게 만드는 이 용어는, 오늘

---

* 파울 크뤼천이 대중화시킨 개념으로, 인류가 지구 환경에 큰 영향을 끼친 시기를 지칭한다. 인류세를 주장하는 사람들은 첫 번째 핵실험이 실시된 1945년을 인류세의 시작점으로 보며, 인류세를 대표하는 물질들로 방사능 물질, 대기 중의 이산화탄소, 플라스틱, 콘크리트 등을 꼽는다.

날 인류가 직면한 지구 온난화와 환경 파괴 등의 문제가 인류 스스로 만든 문제라는 사실을 강조한 개념이다. 동물이 우리에게 던지는 질문도 인류세라는 인식이 우리에게 던지는 질문과 같다.

우리 인간은 생명의 고리를 인위적으로 끊거나 비틀면서 동물의 생명권과 환경권을 마음대로 결정해 왔다. 하지만 이러한 행위는 결국 자연 환경의 오염과 파괴로 이어지고, 당연히 우리 인간의 삶의 터전에도 위협을 가하게 된다. 그러므로 동물을 사랑하고 동물과 함께한다는 것은, 우리 모두가 커다란 생명의 고리에 묶인 생명 공동체라는 점을 잊지 않는 일이다. 생명의 연대는 동물이 우리에게 던지는 아주 절실한 질문이다.

....

🦴 경제적 여유가 부족한 상황에서 키우던 반려동물이 치료하기 어려운 질병에 걸려 고액의 치료비가 필요하다면, 보호자는 어떻게 대처해야 바람직할까?

🦴 반려견의 다양한 문제 행동을 예방하기 위해 강아지 때부터 사회화 교육이 필요하지만 대부분의 보호자들이 시간상의 이유로 이를 챙기지 못하고 있다. 이러한 문제를 해결하기 위한 방안에 대해 토론해 보자.

권리

개와 고양이를 위한
시민권 찾기

김영임
경희대학교 후마니타스칼리지 강사

😺 '퍼스트 도그'의 탄생 😺

서구 문화권에서는 대통령 또는 총리 등이 새로 선출되면 '퍼스트 도그'나 '퍼스트 캣'에 대중들의 관심이 쏟아진다. '퍼스트 애니멀'은 한 국가의 대통령이나 총리 같은 수장의 가족을 일컫는 '퍼스트 패밀리'라는 단어에서 나온 말이다. 즉 퍼스트 패밀리와 함께 사는 동물들을 말한다. 한국에서도 19대 대통령 선거 운동 기간 동안 동물보호단체들이 대선후보들에게 사연이 있는 유기견들을 퍼스트 도그로 입양할 것을 권하면서 한동안 이슈가 되었다.

문재인 대통령은 당선 이후 '편견과 차별에서 자유로울 권리는 인간과 동물 모두에게 있다는 철학과 소신에서 토리를 퍼스트 도그로 입양하겠다'는 메시지를 SNS에 남겼고, 토리는 그렇게 청와대의 퍼스트 도그가 되었다. 검은 털의 믹스견 토리는 하얀 말티즈나 황금색 털의 요크셔테리어 같은 소형 품종견과는 다른 외모를 가졌다. 구조되고 나서도 토리는 외모 때문에 2년 가까이 입양 단계에서 매번 외면당했다고 한다. 많은 어려움을 겪었지만 토리는 '한국 최초 유기견 출신의 잡종 퍼스트 도그'가 되었다.

버락 오바마 대통령의 퍼스트 도그 역시 입양 시 화제가 되었고, 재임 기간 내내 미국인들에게 큰 사랑을 받았다. 선거 기간 동안 보호소에서 유기견을 입양하겠다고 약속한 오바마 대통령은 딸의 알레르기 때문에 결국 그 약속을 지키지 못하고, 알레르기를

• 문재인 대통령의 퍼스트 도그 '토리'(출처: 동물권단체 케어)

적게 일으킨다고 알려진 포르투갈 워터 도그인 '보(Bo)'를 입양했다. '보'는 첫 번째 주인에게 파양당한 후, 분양됐던 농장으로 돌아온 개였다. 미국 내에서는 '보'가 비록 파양을 당하긴 했지만 보호소를 한 번도 경험하지 않은 '농장'의 개였고 동시에 혈통을 중시하는 '순종' 개라는 점에서 오바마 대통령이 '사지 않고 입양'하겠다는 약속을 지키지 못한 것이 아닌가 하는 비판이 일기도 했다.

두 사례는 정치인의 약속에 관한 것이기도 하지만 반려동물의 입양에서 개인과 사회가 함께 고민해야 할 지점들을 잘 보여준다. 두 대통령의 개 입양을 둘러싼 여러 보도들은 품종견의 육성(育成)에 오랜 세월 기여한 브리더(breeder)나 애견 숍을 통해 개를 '사

• 집무실로 향하는 오바마 대통령과 반려견 보

는 것'으로 생각하는 데 대한 비판적 시각을 담고 있다. 브리더는 동물을 사육하는 사람이라는 일반적인 의미도 있지만, 순종 동물의 혈통을 개량·보존하기 위한 교배와 그러한 동물들의 사육을 직업으로 하는 전문가를 말한다.

오바마 대통령의 '보' 입양처럼 브리더를 통한 순종견이나 순종묘의 분양은 왜 부정적 시선을 받는 것일까? 브리더들이 오랜 세월 혈통을 보존해 온 행위가 결과적으로 동물에게 치명적인 유전병을 가지게 만든 것에 대한 비판 때문인가? 또는 반려동물을 사는 것이 농장의 열악한 환경을 계속 지지하는 결과를 가지고 오기 때문인가? 모두가 다 맞는 말이다.

여기에서 우리가 하나 더 기억해야 할 것이 있다. 품종을 보호하는 브리딩(breeding)은 오스트랄로피테쿠스(Australopithecus)부터 호모 사피엔스로 변화해 온 인류의 자연적인 진화와는 거리가 멀다는 사실이다. 우리가 지금 알고 있는 반려동물의 품종화에는 동물에 대한 인간의 지배뿐만 아니라 인간사회의 계급적 차별을 욕망하는 은유가 가득하다.

🐶 빅토리아 시대의 댕댕이들 🐱

반려동물의 역사는 얼마나 오래 되었을까? 1만 5000년 전에 가축화된 개가 사냥 파트너가 된 것이 첫 번째 반려동물이라고 할 수 있지만, 오늘날 우리가 알고 있는 방식으로 반려동물을 기르기 시작한 시기는 18세기나 19세기 이후라고 할 수 있다. 이 시기 이전에는 사람과 동물의 거리는 그렇게 가깝지 않았다. 그 원인 중 하나는 서양의 종교적 전통 때문이라고 할 수 있는데, 자연에 대한 인간의 우월성을 강조하는 서양의 기독교적 전통은 인간과 동물 사이의 거리 두기를 강조하였다. 이러한 태도는 이후 데카르트와 같은 철학자들이 인간의 이성을 강조하면서 더욱 굳어졌다.

그러다 가축과 인간의 관계에 변화를 가져온 것은 '친구'처럼 또는 '신분의 상징'으로서 개를 기르기 시작한 일부 귀족들이다.

• 빅토리아 여왕의 후원으로 왕실 풍속화는 물론 여러 반려동물들을 그린 찰스 버튼 바버(Charles Burton Barber, 1845~1894)의 <위로(Comfort)>

이때 길렀던 개들은 당시 일반인들이 키우던 것과는 다른 품종들이었다. 사냥을 위해 마스티프와 같은 소위 하운드 종류라고 불리는 큰 견종들이 남성들에 의해 사랑을 받았고, 작은 스패니얼 종류의 '무릎 강아지'들이 여성들과 함께 시간을 보냈다.

이러한 귀족들의 생활 문화가 17세기 이후 중산층으로 확대되면서 개와 새들이 인기 있는 반려동물이 되었고 18세기에는 고양이, 19세기에는 토끼나 흰 쥐, 기니피그까지로 그 종류가 확대되었다. 이러한 변화는 교회의 영향력이 감소되고 도시화가 진행되었기 때문에 가능했다. 특히 도시화가 진행되면서 농장에서 일하는 가축과의 거리는 멀어지고 '동반(companion)'의 역할을 하는 새로운 동물의 기능이 확대되기 시작했다.

빅토리아 시대의 대표적 작가인 찰스 디킨스(Charles John Huffam Dickens, 1812~1870)의 자전적 소설 『데이비드 코퍼필드』 중 한 부분을 읽어보자.

> "같이 뛰어다니기에는 나이가 좀 있는 것 같구나. 그러니 내가 다른 개를 선물하마."
>
> "대고모님, 고맙습니다."
>
> 도라는 힘없이 말했다.
>
> "하지만 그러지 마세요. 부탁드려요! (……) 다른 개는 기를 수 없어요. 집(Jip)에게 미안해서요! 게다가 저는 집이 아니고는 이렇게 친해질 수 없어요. 집은 결혼 전부터 저를 알고 있고, (……) 저는 집이 아니면 어떤 개도 사랑할 자신이 없어요, 대고모님."
>
> —찰스 디킨스, 『데이비드 코퍼필드』 중에서

'집'은 주인공 데이비드 코퍼필드의 첫째 부인 도라의 반려견이다. 도라는 법률사무소를 운영하는 아버지를 둔 부유한 중산층 출신의 여성인데, 그녀의 반려견 집은 도라가 등장하는 거의 모든 장면에서 그녀의 팔에 안겨 있거나 주위를 맴돌고 있다. 어머니가 없는 그녀가 삶의 여러 어려움을 겪을 때 집은 도라의 곁을 지켰고, 결국 일찍 생을 마감한 주인이 세상을 떠나던 날 늙은 집도 무지개다리를 건넌다. 집은 도라에게 가축으로 취급받던 전통적 의미의 개와는 분명 다른 관계를 맺고 있다. 집은 도라에게 동반적 존재 자체다.

집은 또한 반려인인 도라와 그녀의 상류층 생활을 동시에 은유하는 알레고리이기도 하다. 데이비드 코퍼필드가 한눈에 반해버린 도라는 세상물정에는 백지 같은, 아름다운 곱슬머리를 가진 인형처럼 귀엽고 아름다운 여성이다. 도라는 일하지 않고 어떻게 살 수 있냐는 데이비드의 질문에 "어떻게 살아가느냐고요! 어떻게든 살 수 있죠!"라고 대답하면서 그에게 키스를 퍼붓는다. 밝고 명랑한 아이와 같은 모습으로 그려지는 도라의 이미지는 동물성을 상실하고 인간의 돌봄에 의존하는 현대 반려견의 모습과 겹쳐 보인다. 어려운 경제 사정을 설명하는 데이비드의 말에 그녀는 "이젠 빵 이야긴 하고 싶지 않아요! 그리고 집도 매일 열두 시에는 양고기를 먹어야 해요. 안 그러면 죽어버릴 거예요!"라고 대답한다. 자신의 반려견이 반드시 양고기를 먹어야 한다고 말하는 도라의 대답은 당시 상류층 생활의 단면을 보여준다.

소설에서 묘사된 내용으로 볼 때 '집'은 귀족 신분의 여성들이 무릎강아지로 많이 키우던 스패니얼 종으로 보인다. 디킨스는 『올리버 트위스트』에서 황소눈깔이라는 이름의 불테리어 종을 하층민 출신의 악당 빌 사익스의 개로 등장시킨다. 디킨스의 소설에서 드러나듯이 개의 품종은 당시의 사회적 계급을 암시하는 표식으로도 읽힐 수 있다.

이러한 사회적인 분위기로 품종 교배, 동물을 위한 식단, 훈련 등의 세부적인 분야 역시 함께 발달하게 되는데, 그중에서 교배는 19세기 중반에 접어들어 점차 체계화된다. 이 시기에도 혈통이 있는 개들이 이미 있었지만, 더욱 통제된 번식을 통해 품종을 향상시키려는 시도들이 앞서 언급된 사냥용 개에서 시작되어 점차 그 영역을 확대해 갔다.

도시의 사업가와 전문직 종사자가 주를 이룬 빅토리아 시대의 개 애호가들은 대단한 수익이 발생하지 않음에도 도그 브리딩(dog breeding)에 열을 올렸다. 그들은 귀족의 취미처럼 혈통이 있는 개를 키우는 것이 자신의 사회적 위치를 강화할 수 있다고 여겼다. 게다가 이런 일은 큰 자본이나 넓은 영지(領地)가 필요한 것도 아니었다. 이런 분위기 속에 매년 200개가 넘는 도그쇼(dog show)가 열렸고 쇼에 참가하는 브리더의 신분이 높을수록 대중들은 열광했다. 특히 왕족들의 참가가 그 도그쇼의 흥행을 보장했으리라는 것은 쉽게 상상할 수 있다. '올해의 개'를 발표하는 잡지에는 브리더의 이름과 함께 '신분'이 나란히 표시되었다.

오늘날 반려인들이 빅토리아 시대 사람들처럼 귀족과의 신분적 동화를 위해 반려동물을 분양받거나 입양한다고 보기는 어렵다. 그렇지만 품종에 따른 반려동물의 선택 안에 저 시대 중산층의 욕망이 아예 없다고 말하기도 어렵다. 여전히 많은 사람들이 자신이 좋아하는 연예인이나 유명인이 기르는 반려동물을 입양하고 싶어 한다. 그리고 실제로 그런 방식으로 유명해진 품종은 반려동물산업의 수요와 공급에 큰 영향을 미치고 있다. 다소 드러나는 양상이 변형되긴 했지만 다른 사람과 같아지고 싶거나 또는 차별화되고 싶은 사람들의 욕망이 반려동물의 선택에 영향을 미치는 것이다.

🐶 살아 있는 굿즈(goods)가 아닙니다 🐱

2000년 영화 〈102 달마시안〉이 개봉을 앞둔 시점에 동물보호 운동가들이 달마시안 복장을 하고 월트디즈니사 앞에 모여 퍼포먼스를 벌였다. 그들은 영화가 개봉되면 사람들이 펫숍으로 달려가 아기 달마시안을 '사고'는 나중에 덩치가 커져버린 많은 성견들을 결국 유기할 것이라고 경고하였다. 동물보호 운동가들은 디즈니사가 미래의 잠재적인 주인들에게 달마시안 품종의 특성을 경고하는 내용을 영화 안에 포함시킬 것과 함께 수익금의 1퍼센트를 달마시안 구조단체에 기부할 것을 요구했다. 이 퍼포먼스는 입양 이후 반려인이 감당해야 할 현실을 직시할 것과 도중에 버려

• 월트디즈니 스튜디오 앞에서 시위를 벌이고 있는 동물보호단체 회원들(출처: cinema.
com)

지는 개를 위한 사회적 비용이 발생할 수 있다는 사실을 경고하고
있다.

　과거에는 반려동물에 대한 환상이 이런 몇몇 영화를 통해 그
려졌다면 지금은 엄청난 조회 수를 기록하는 펫튜브(반려동물 '펫'
과 유튜브의 합성어)들이 넘쳐나고 있다. 이제 운동가들이 동물 옷
을 입고 세계 전역을 돌며 평생을 보내야 할 판이다. 동영상에 담
긴 아기와 대형견의 사랑스러운 동거는 젊은 부부들의 '워너비
(wannabe)'가 되어버렸고, 그들의 유쾌하고 행복한 일상이 반려
동물을 입양하고 싶다는 대중들의 욕망을 자극하고 있다. 하지만

현실은 유튜브 동영상과 많은 차이가 있다. 키우던 진돗개가 함께 크던 아기를 물어 결국 사망에 이르게 했던 안타까운 사건처럼 반려동물과의 실제 동거는 매번 즐겁기보다는 예상치 못한 어려움들을 맞닥뜨리게 하며, 그로 인해 일부 반려인들은 동물을 유기하기도 한다.

유기된 동물의 현실은 가혹하다. 경제적인 문제 등으로 많은 보호소에서는 입양 공고 기간을 넘긴 동물을 대부분 살처분한다. 2018년 자료에 따르면 우리나라에 12만 마리 정도의 유기동물이 있는데, 그중에서 20.2퍼센트가 살처분으로, 23.9퍼센트가 자연사로 죽었다. 따라서 반려동물을 유기하는 것은 결국 죽게 하는 것과 다르지 않다.

동물학자 콘라트 로렌츠(Konrad Lorenz, 1903~1989)는 자신의 개를 다른 사람에게 주는 것 역시 죽이는 것과 다르지 않다고 했다. 일본의 저널리스트 고다마 사에(Kodama Sae, 1970~)는 『유기동물에 관한 슬픈 보고서』를 통해 살처분 되기 전에 인간을 향해 간절한 눈빛을 보내는 유기동물들의 사진을 세상에 내놓으면서 이런 비참한 현실을 고발했다.

반려동물과의 동거에는 선택 이후 감당해야 하는 오랜 세월의 의무가 뒤따른다. 우리가 어떤 상품을 선택한 후에 그것의 사용 유무나 용도에 대해 (윤리적) 책임을 져야 하는 경우는 극히 드물다. 하지만 반려동물의 선택은 상품의 선택과 다르다. 요즘 들어

'분양' 대신 '입양'이라는 단어를 쓰는 것은 반려동물을 돈으로 살수 있는 상품으로 보지 않겠다는 사회적 인식 변화를 반영하고 있기도 하지만, 곰곰이 생각해 보면 반려인의 책임을 강조한다고 볼수도 있다.

분양의 사전적 의미는 '나누어 줌' 또는 '나누어 팖'이다. 분양의 동사적 표현은 '분양하다', '분양받다', '분양되다'가 될 터인데, 이 단어들이 사용되는 맥락에서 주도권을 쥐고 있는 쪽은 동물을 분양하는 쪽이다. 이에 반해 '양자로 들어감 또는 양자로 들임'이라는 사전적 의미를 가진 입양의 동사적 표현 안에서는 반려동물과 반려인의 관계가 중요하다. '입양하다'와 '입양되다'의 주체들은 바로 반려인과 반려동물이 된다.

이처럼 특정 동물을 반려하고자 하는 순간 반려인과 동물 사이에는 새로운 관계가 발생하게 되고, 반려인은 그 동물에게 특수한 의무를 지게 된다. 마크 롤랜즈(Mark Rowlands, 1962~)는 『동물도 우리처럼』에서 이러한 의무를 자연스럽게 생기는 '자연의무'가 아니라, 의무를 자발적으로 획득하였다는 뜻에서 '획득의무'라고 부른다.* 반려인이 된다는 것은 동물을 해치지 않는 것과 같은 생

---

* 자연의무는 무슨 일을 하든, 어떤 행동을 하든 모두에게 보편적으로 적용되는 의무를 뜻한다. '다른 사람을 동동하게 배려해야 한다'와 같은 도덕적 내용은 자연의무의 한 예라 할 수 있다. 이와 반대로 획득의무는 자신이 한 행위로 인해 스스로 선택하거나 발생하는 의무를 뜻한다. 당신이 누군가와 '약속'을 하게 되면, 그 약속을 지킬 의무를 획득하게 된다.

명에 대한 인간의 보편적 책임과 함께 자신이 반려하는 특정 동물의 관심사를 증진시키기 위한 개별적 책임을 동시에 갖는 것을 요구한다.

인간은 어떤 행위를 결정할 때 가능하면 합리적 선택을 하기 위해 노력한다. 이때 선택은 자신의 행위가 어떤 의미를 지니는지, 즉 그 안에 담긴 개별적인 내용을 아는지 모르는지에 따라 자발성과 비자발성으로 나뉠 수 있다. 합리적 선택이 되기 위해서 인간의 행위는 앎을 기반으로 발생하는 자발성에서 출발한다는 점에서 이성과 사유를 수반해야 한다. 그렇게 이루어진 합리적인 선택은 각 개인의 책임 하에 있게 되면서 윤리적 책임의 핵심을 이루게 된다. 아리스토텔레스는 『니코마코스 윤리학』에서 어떤 행위의 책임을 물을 수 있는 한계를 탐구하면서 자발성과 선택의 중요성에 대해 강조하였다.

이 과정을 동물 입양과 연결시켜 보자. 먼저 우리는 자발적으로 특정 반려동물을 자신의 삶에 포함시키는 선택에 대해 고민하게 된다. 이 선택이 합리적 선택이 되기 위해서는 이성적 사유를 통해 반려동물이라는 개별적 존재가 자신의 삶에 가지고 올 변화를 인식해야 한다. 이런 고민 끝에 이루어진 입양이라는 선택은 반려인의 윤리적 책임과 의무 안에 있다.

합리적 선택을 희망하는 잠정적 반려인은 우선 개인적 차원에서 '임시보호'나 '유기동물보호소'에서 자원봉사 활동을 통해 입양이라는 행위가 가지고 올 삶의 변화를 미리 체험하는 것이 좋다. 특히 임시보호의 경우는 일정 기간 유기동물에게 가정생활을 경험하게 하여 잠재적인 반려인과 반려동물을 동시에 교육시킬 수 있는 방법이다. 유기동물은 이러한 시간을 통해 인간사회 안에서 살아가는 예절을 배울 수 있으며 이 경험은 입양의 성공 가능성을 높일 수 있다. 유튜브 채널 〈강형욱의 보듬TV〉나 EBS의 〈세상에 나쁜 개는 없다〉의 인기는 반려동물과 인간의 동거가 생각처럼 쉽지 않고, 반려동물이 사회의 구성원이 되기 위해서는 사회화가 필요하다는 사실을 잘 보여준다.

개인뿐만 아니라 사회 역시 반려인과 반려동물 간의 성공적인 관계 형성을 위해 그 책임을 공동으로 부담해야 한다. 서울시의 경우는 반려동물문화가 일찍 발달한 독일 등을 벤치마킹하여 2017년부터 '서울동물복지지원센터'를 운영하고 있는데, 유기동물 입양을 희망하는 사람들을 대상으로 하는 입양 교육뿐만 아니라 반려동물의 사회화 교육 프로그램을 실시하고 있다. '동물권행동 카라'라는 보호단체는 서울시와 연계하여 〈반려동물 돌봄문화 시민학교〉를 열어 반려인들에게 돌봄교육을 제공하였다. 서울뿐만 아니라 여러 지방자치단체들이 유사한 형태의 센터를 운영하면서 유기동물과 입양을 고려하는 시민들을 연결해 주는 사업들을 확장하고 있다.

이때 발생하는 비용을 사회가 함께 부담하는 것에 대해서 이견이 있을 수 있다. 이렇게 생각해 보면 어떨까? 인간과 인간의 관계에서도 직접적인 부양 의무가 없음에도 불구하고 이차적 부양 의무와 관련된 사회적 공동 부담이 발생할 수 있다. 돌봄을 필요로 하지만 보호자를 갖지 못하는 아이나 노인 그리고 장애인들에 대해 윤리적 사회는 그들에 대한 이차적인 부양 의무를 감당하며 비용을 지불한다.

보호자 없이 유기된 동물의 경우도 동일한 맥락으로 접근할 수는 없을까? 도움이 필요한 사람들이 많은데 동물을 돌볼 여유가 어디 있냐는 비판이 있을 수 있다. 하지만 돌봄이 필요한 동물에게 사회가 공동으로 윤리적 책임을 부담하는 것이 인간보다 동물을 더 배려해서가 아니다. 나와 나의 가족에게만 시선이 집중되어 있는 사회에서 소외계층을 향한 관심이 생길 수 없다. 안쪽만 보던 시선이 밖을 향할 때 우리 사회의 소외된 타자들이 시야에 들어온다.

이 원리를 확대해 보면, 인간에게만 집중되어 있던 시선을 인간 바깥에 존재하는 타자들에게로 돌려볼 수 있다. 그리고 그 타자들이 처한 곤란함에 관심을 기울여보자. 이처럼 소외계층의 돌봄과 유기동물의 돌봄은 서로 충돌한다기보다는 동일한 맥락 안에서 이해될 수 있는 윤리적 태도이며 같은 목적과 결과를 지향한다. '나'에게 집중되어 있던 시선을 밖으로 돌려 '타자'와 함께하는 삶을 고민하는 것이다. 동물에 대한 고민은 우리 주위에 소외된 타자들을 이해하는 방식과 밀접하게 연결되어 있다.

🐶 실험 비글 '메이'가 보여준 것들 🐱

동물은 역사적으로 활용 가치에 따라 분류되어 왔다. 미국의 경우 역사적으로 동물을 농장동물, 반려동물, 야생동물로 구분하였는데, 이 중에서 반려동물은 앞에서 살펴본 것처럼 근대라는 시대적 배경에 영향을 받은 독특한 '활용 가치'에 의해 분류되었다.

그리고 반려동물처럼 비교적 최근인 20세기에 들어서면서 새로운 카테고리로 등장한 분류가 있는데, 바로 '실험동물'이다. 주인과 활기차게 거리를 산책하는 모습 또는 TV 프로그램이나 SNS의 이미지 안에서 귀여운 모습으로 포착되는 반려동물과는 달리 실험동물들은 우리에게 잘 노출되지 않는 음지(陰地)에 존재한다. 그런데 2019년 실험 비글 '메이'의 이야기가 보도되면서 한국 사회의 실험동물은 세상 밖으로 드러났다.

비글 종인 메이는 2012년 서울대학교에서 복제되어 인천공항에서 5년간 검역 탐지견으로 활동하다 2018년에 은퇴하였다. 동물보호법은 탐지견 등의 사역견이 동물실험에 이용되는 것을 금지하고 있지만, 서울대의 이병천 교수팀은 은퇴견으로 새 삶을 시작해야 할 메이를 실험동물로 활용하기를 원했고, 농림축산검역본

부는 아무런 이의 제기도 없이 서울대의 요구에 응했다. 이후 8개월 만에 메이는 비참한 모습으로 검역본부에 나타났다.

메이는 밥을 먹다가 코피를 쏟기도 하였고 낮은 턱도 넘지 못할 정도로 기력이 다한 상태였으며 생식기 역시 비정상적으로 커져 있었다. 이 교수팀은 서울대 동물실험윤리위원회의 자체 점검이 있던 때에는 검역본부에 메이를 맡기면서 감사를 피했던 것으로 보인다. 결국 메이는 실험실로 돌아가 죽게 되었는데, 학교 측은 자연사라 주장하였다. 메이의 사례뿐만 아니라 그동안 동물실험과 관련한 많은 위법적 사례가 문제시 되었고, 현재 이에 대해서는 법적 공방이 진행 중이다.

메이의 이야기는 실험동물의 처우에 관한 문제 제기뿐만 아니라, '동물실험이 정말 필요한가'에 대한 네티즌 간의 설전으로 이어지기도 했다. 동물실험 폐지를 주장하는 글의 반대 댓글 중에 이런 글이 있었다. "그럼, 당신이 (실험동물) 대신 하세요." 상대방을 자극하는 이 간단한 문장은 실험동물이라는 분류가 왜 탄생했는지를 잘 설명해 준다.

반려동물이 인간과 함께한 시기가 수만 년 전으로 거슬러 올라가듯이, 동물의 생체 해부가 시작된 것도 오랜 역사를 가지고 있다. 고대에는 동물뿐만 아니라 인간도 해부 대상이 되었고, 제2차 세계대전까지도 사람을 대상으로 하는 실험이 행해지면서 큰 비난이 일었다.

이후 인간을 대상으로 하는 실험의 가이드라인을 설정한 뉘른베르크 강령(The Nuremberg Code)*이 제정되면서, 동물을 대상으로 하는 실험이 폭발적으로 증가했다. 이 규약은 (인간) 실험대상자의 자발적 참여와 사전 동의에 대한 의무 등을 내용으로 하고 있는데, 이런 연구들이 동물실험을 먼저 거쳐야 한다는 점을 의무화하고 있었기 때문이다. 따라서 인간의 이익을 위한 거의 모든 실험은 사전에 동물을 상대로 테스트를 거쳐야 했다. 동물실험을 반대하는 입장이 인간을 실험에 사용하는 것을 찬성하는 입장이 아니냐고 조롱받는 것은 우리 모두가 그간 이와 같은 동물실험에 오랫동안 길들여졌기 때문이다.

동물실험이 인간에게 이익을 가져다 준 것에 대해서는 동물실험을 반대하는 동물해방론자와 동물권리론자도 모두 동의하는 바다. 하지만 동물실험으로 인한 인간의 이익보다 동물이 받는 고통이 더 크고, 인간과 마찬가지로 본래적 가치**를 지닌 동물이 실험의 대상이 될 수는 없다는 점에서 동물실험은 정당화될 수 없다는

---

* 2차 세계대전 동안 나치가 인간을 대상으로 한 비윤리적 실험 내용이 드러나게 되면서, 인간을 대상으로 하는 실험의 윤리적 가이드라인을 설정한 규약이다. 실험대상자의 자발적 참여와 사전 동의에 대한 의무, 강압이 없을 것, 대상자의 위험을 최소화할 것 등의 내용을 담고 있다.

** 다른 목적을 이루기 위한 수단이 되는 가치가 도구적 가치라면, 본래적 가치는 그 자체가 의미를 가지고 목적으로서 추구되는 가치를 말한다. 도구적 가치는 주변 사정에 의해 변하기도 하지만, 본래적 가치는 주변 사정에 관계없이 소중하며 변하지 않는다.

것이 양측의 주장이다.

🐶 멍냥이의 시민권 🐱

이 장에서는 동물의 본래적 가치를 인정하는 동물권리론과는 조금 다른 방식으로 동물권을 생각해 보자. 가령 잔혹한 전쟁과 같은 상황에서 자연적 인권이 인간을 보호하는 데 그다지 성공적이지 못한 것처럼, 실험동물로의 '사회적 구성' 안에서 동물로서의 본래적 가치가 소거되어 버린 동물은 자신들을 어떻게 보호할 수 있는가에 관한 이야기다.

우선 동물의 사회적 구성을 이해하기 위해 다음의 질문에 답해 보자. 쥐와 개는 다른 동물일까? 이 질문이 바보같이 들린다면 그때 우리의 사고를 지배하고 있는 것은 생물학적 분류체계이다. 쥐와 동물은 그것들의 생물학적 특성이 다르므로 질문의 대답은 당연히 '예'이다. 그런데 그 답이 '아니오'인 경우가 발생한다. 쥐와 개가 같은 동물로 분류될 때가 있다는 말이다. 만약 이때 쥐가 애완용 쥐라면 이 둘은 반려동물이 된다. 식용 쥐는 특수한 사정이 아니라면 흔치 않은 경우이므로 가축의 경우는 제외해 보자. (개가 식용이 되는 경우는 슬프지만 한국에서는 현실이다.) 그리고 이 둘이 실험동물로 사용될 때 역시 같은 범주에 속하는 동물이 될 수 있다.

이처럼 동물이 이용가치에 따라 분류되고 특정 범주가 요구하는 성격에 맞게 특성이 구분되는 것이 '동물의 사회적 구성'이다. 쥐와 개의 예와 반대로 생물학적으로 같은 동물이지만 분류되는 체계가 달라지면서 다른 동물로 취급받는 경우도 발생한다. 〈개밥 주는 남자〉라는 프로그램에서 많은 사랑을 받았던 탤런트 이태곤의 반려견 '쌤'과 '애리'는 실험 비글 '메이'와 같은 종이지만, 사회적으로 다르게 활용되면서 메이와는 다른 삶을 살고 있다.

반려동물은 인간과 같이 살면서 이름을 부여받는다. 어떤 존재에게 이름을 지어주는 것은 그 대상을 사회적으로 규정하고 공동체의 일원으로 인정하며 그들과 관계를 맺는 행위이다. 인간의 경우도 아기가 태어나면 온 가족들이 이름을 고민해서 정하고, 이름을 가진 아기는 사회의 구성원으로 첫 관계를 맺게 된다. 마찬가지로 동물도 이름을 얻고 우리 사회 안으로 편입된다.

이 과정은 '개체화'로 연결된다. 개체화라는 것은 어떤 존재가 타자들의 정체성으로부터 분리된 개성을 획득하게 되고 세계의 구성원으로서 존재하기 시작하는 과정을 뜻한다. 신학기에 1학년 1반이라는 두루뭉술한 규정 안에서 점차 자신만의 개성이 드러나게 되고 그 개별적인 정체성을 바탕으로 선생님 그리고 다른 친구와의 관계를 형성하면서 학교의 구성원이 되었다면 우리는 우리자신을 개체화시킨 것이다. 탤런트 이태곤의 반려견인 쌤은 쌤으로, 애리는 애리로 개별적 주체가 되어 반려인과 관계 맺는다. 쌤과 애리는 반려인에게 동일한 존재일 수 없으며 서로가 서로를 대체할 수 없다.

반면 실험실의 동물은 이름 대신 숫자로 분류된다. 실험동물은 무리의 이름 없는 일원에 지나지 않는다. 메이도 이름이 있었지만, 쌤과 애리의 이름처럼 반려인과의 상호작용이 시작되는 신호로 기능할 수 없는, 단지 숫자와 같은 기호에 지나지 않았을 것이다. 실험동물은 한 번도 관계 안에서 삶의 주체인 적이 없이, 평생을 연구자들이 이용하는 객체로, 실험의 대상으로 살아간다. 실험실 동물은 개체적 존재가 될 수 없다는 점에서 '탈-개체화' 되는 것이다.

실험동물에게 연구자들은 동물이라는 단어를 사용하지 않는다. 이를 '탈-동물화' 행위라고 부른다. 이 용어를 이해하기 위해서 다음의 경우들을 생각해 보자. '인간의 동물화'는 '인간이 동물처럼 된다'로 풀어 써보면 그 의미를 쉽게 짐작할 수 있다. '인간의 동물화'는 인간 본연의 존엄이 훼손되고 동물의 상태로 떨어진다는 의미로 해석되면서 '인간의 탈-인간화'라고 바꿔 말할 수 있다.

그러면 '동물의 탈-동물화'는 같은 언어 유희적 맥락에서 '동물의 인간화'라고 쓸 수 있을까? 이런 말놀이는 절반만 맞다. 지금의 반려동물이 반려인과의 관계에서 아기나 형제로 대우받는 것은 동물이 점점 인간화되어 가고 있음을 보여준다. 하지만 실험동물의 상태를 설명하는 '탈-동물화'는 훨씬 비극적이다. '탈'이 가지는 '벗어남'의 의미가 더욱 강조된 용어이기 때문이다. 동물에게서 동물성을 제거한다는 것은 인간에게서 인간성을 제거하는 것과 다르지 않다. 이것은 동물이 지닌 생명성으로부터 눈을 돌리게 하는 결과를 가져온다. 실험동물을 생명체로 인식하는 순간, 연구자는 동물과의 거리를 유지하기 힘들기 때문이다.

이런 '탈-개체화'와 '탈-동물화'는 공장식 축산으로 길러지는 동물의 경우도 마찬가지지만, 실험동물의 경우는 여기에 '탈-종(species)화'가 더해진다. 앞서 예를 들었던 쥐와 개가 다른 종이라는 사실이 실험동물이라는 동일한 분류 체계 속에서는 큰 의미가 없다는 것이 '탈-종화'라는 용어의 이해를 도울 수 있다. 실험동물에게 종에 따른 생물학적 차이는 오로지 실험의 내용에 영향을 미칠 때만 의미가 있다.

실험동물은 더 이상 종을 대표하지 않고 오로지 인간을 대신하는 모조품으로 소비되며 인간을 위한 실험에 최적화된 도구로써의 의미만을 부여받는다. 존엄한 생명을 가진 존재로서 동물에게도 기본권이 있다고 볼 때, 이 기본권조차 '실험동물'이라는 분류체계 안에서는 완전히 제거되면서 메이의 생명을 보호해 주지 못했다. 그런데 이 모습은 어디선가 본 듯한 데쟈뷰를 불러일으킨다.

한나 아렌트(Hannah Arendt, 1906~1975)라는 독일 태생의 유대인 정치학자는 27세에서 45세 사이에 국가 없는 난민이었다. 히틀

러가 정권을 잡으면서 생명의 위협을 느낀 아렌트는 파리로 몸을 피하게 되는데, 1935년 독일이 유대인의 시민 자격을 박탈하게 되면서 무국적자가 되었다. 이윽고 제2차 세계대전이 발발하자 프랑스는 유대계 독일인들이 더 이상 독일 국민이 아님에도 불구하고 그들을 '적국 국적자'로 분류하여 수용소에 구금하였다.

그녀를 비롯해 많은 유럽의 유대인들은 독일과 프랑스로부터 각각 다른 기준으로 분류되면서 권리가 사라져버린 공간에 갇히게 되었다. 아렌트의 경험은 정도의 차이는 있지만 여전히 현재에도 되풀이되고 있다. 현재 세계적으로 이슈가 되고 있는 난민이나 특정 공동체에 속해 있으면서도 근본적인 권리를 행사할 수 없는 소외계층들의 존재가 그 예이다. 그들에게 인간이라는 가장 기본적인 조건 충족으로 발생하는 기본권으로서 인권이 있기는 하지만, 인권은 그들을 궁극적으로 돕지 못한다.

구사일생으로 미국 망명에 성공한 아렌트는 이전까지 그녀가 누렸던 권리들을 누리기 위해서는 그런 권리들 이전에 '권리를 가질 권리'가 필요하다는 것을 느꼈다. 나치의 인권 탄압을 경험한 이후, 국제연합(UN)에서는 1948년 세계인권선언을 채택해, 인간은 오로지 인간이라는 이유 그 자체만으로 권리들을 갖는다고 선언했다. 이에 대해 아렌트는 그러한 권리들을 가지려면 단지 인간이라는 사실만으로는 부족하다는 것을 자신의 직접적인 체험 안에서 증명해 보이며 인권 개념의 한계를 비판했다.

생물학적 인간으로 태어났다는 사실만으로 부여받는 인권이 정치적인 가치를 갖는다는 것은 판타지이며, 인간이 권리의 주체가 되려면 인간은 우선 정치 공동체의 일원이어야 한다. 어떤 공동체에도 편입되지 못한 자들, 공동체로부터 자의적·폭력적으로 배제된 자들에게 가장 필요한 것은 바로 '권리를 가질 권리'다. 역사적으로는 노예, 흑인 자유민, 원주민, 여성, 장애인 등이 그들을 배제했던 정치 체제에 포함될 권리를 위해 싸워 오면서 권리를 보유한 공동체의 성원으로서 기본적인 인정을 받게 되었다면, 비인간 동물이 그 다음 순서로 '권리를 가질 권리'의 주체가 되는 상상은 불가능한 것일까?

1978년 10월 15일 파리의 유네스코 본부에서 선언된 세계동물권리선언의 바탕 역시 '모든 생명체는 천부적 권리를 가진다'는 인식에서 출발했고, 이는 인권 선언의 주장과 크게 다르지 않다. 하지만 권리가 없는 상태에 있는 사람들에게 인권은 아무런 힘이 될 수 없었던 것처럼, 정말 동물들이 불필요하게 되거나 그들을 더 이상 원하는 사람들이 없을 때 동물의 천부적 권리는 그들의 생명을 구할 수 없는 것이 현실이다.

아렌트의 '권리를 가질 권리'라는 표현은 그 권리의 주인이 누구인지는 이야기하지 않는다. 주어가 생략되어 있는 것이다. 권리를 소유하는 주체가 당연히 인간이라서 주어가 비어 있는 것이기도 하지만, 그 빈칸에 비인간이 들어가지 말란 법도 없다. 언젠가

인간 동료들의 연대에 힘입어 동물이 그 주어의 자리를 허락받을
미래를 꿈꾸는 것은 반려동물에 대한 우리의 책임을 적극적으로
고민하는 것과 다르지 않다.

탐구활동 6 ....

✍ 인간을 대신해 동물을 실험 대상으로 삼는 것에 관해 자신의 견해를 이야기해 보고, 각각의 입장에서 발생할 수 있는 윤리적 문제에 대해 토론해 보자.

✍ 유기동물을 위한 사회적 비용을 함께 부담하는 것에 대해 사회 구성원들 사이에 견해 차이가 발생하기도 한다. 이 문제에 대한 자신의 입장을 생각해 보고, 다른 사회적 비용에 관한 예시를 들어 이 문제의 해결 방안에 대해 토론해 보자.

 규범

법 없이 사는
동물은 없다

권유림
변호사, 동물의 권리를 옹호하는 변호사들 상임이사

😺 법은 눈물보다 힘이 세다 😺

우리는 종종 "나는 법 없이도 사는 사람이야"라고 호언장담하는 사람을 만난다. 변호사 사무실에 상담을 하러 온 사람들 가운데 많은 이들이 "저는 법 없이 사는 사람이었는데, 제가 이렇게 송사에 휘말릴 줄은 정말 몰랐습니다"라며 억울함을 호소한다. 이런 말을 듣다보면 법 없이도 살아갈 수 있는 사람이 이렇게도 많은데 법률은 왜 점점 더 많아지는 걸까 하는 의구심을 갖게 된다.

이들의 한결 같은 주장처럼 과연 우리 인간이 법 없이 살아가는 일은 가능할까? 사회적 동물이라는 인간이 법이라는 제도를 거부하고 살아갈 수 있다면, 그것은 아직 아무도 가본 사람이 없다는 유토피아에서 사는 일이 될 것이다. 실제로 법이란 마치 우산처럼 맑은 날에는 필요성을 전혀 느끼지 않지만 비 오는 날에는 그 필요성을 절실하게 느끼게 되는 무엇이다. 법 없이도 살 수 있는 사람들에게 변호사로서 해줄 수 있는 조언은, 당신이 지금까지 법 없이 살 수 있었던 것은 법이 있었기 때문이라는 정도의 말이 아닐까.

사람과 사람 사이의 관계가 아니더라도 법의 시선이 미치는 곳은 매우 넓다. 우리의 가족이 되고 있는 반려동물도 법의 시선으로부터 자유로운 것은 아니다. 유기동물을 입양하든, 펫숍에서 구입하든 반려동물을 가족으로 맞아들이는 순간 입양계약서(또는 매매계약서)를 작성하게 되고, 동물보호법에 따라 반려동물등록을 하게 되며, 만약 구입한 사료에 문제가 생긴다면 민법, 제조물책임법*, 사료관리법 등의 적용을 검토하게 된다.

그뿐일까? 반려동물을 키우면서 이웃 간 소음으로 인한 분쟁이 생길 경우에는 공동주택관리법이, 반려동물운동장에서 내 반려동물이 다른 동물이나 사람을 물었다면 민법상 손해배상 책임이나 형법상 과실치상 죄책**이 문제될 수 있다. 내가 만약 맹견으로 분류되는 개를 키우고 있다면 맹견 소유자에 관한 법적 의무사항을 이행해야 하고, 동물과 함께 대중교통을 이용하고자 할 때에는 운송사업별로 정해진 운송약관을 준수해야 하며, 만약 내 반려동물과 똑 닮은 새끼를 보고 싶어 교배 및 출산을 유도하고 이렇게 하여 태어난 새끼들을 분양하고자 한다면 이제는 '동물생산업 및 판매업'이라는 분류 하에 묶인 여러 법률의 규제를 받게 된다.

교과서적으로 표현하면 사회적 약속인 법은 국가 권력에 의해 강제되는 사회 규범이다. 여기에는 명령, 계약, 규범이라는 딱딱하고 차가운 면이 있지만 동시에 정의, 권리, 보상, 안전처럼 약자가 기대고 쉴 수 있는 따뜻하고 든든한 면도 공존한다. 법으로 규정

---

* 구입한 제품에 결함이 있거나 사용법 설명이 불충분한 이유로 생명이나 신체, 재산에 손해를 입은 경우, 물품을 제조하거나 가공한 사람에게 그 물품의 결함으로 인해 발생한 손해를 배상하도록 하는 법률이다.

** 부주의 등으로 인하여 사람의 몸에 상처를 내어 해를 입혔을 경우에 성립하는 범죄이다. 상해의 결과가 고의 없이 과실로 인해 발생한 경우에만 적용된다.

한다는 것은 막강한 사회적 힘을 갖게 된다는 것을 의미한다. 아무리 사회적으로 공분을 사는 사건이 발생하더라도 이를 규제하는 법이 없으면 어떠한 처벌도 금지도 할 수가 없다.

최근까지도 개구리 해부실습은 초등학교의 정규 수업 과정으로 편성되어 있었다. 이 실험이 동물의 생명을 경시하고 어린이의 정서를 해칠 우려가 있다는 비판의 목소리가 높았지만 어느 누구도 이를 강제로 금지시킬 수는 없었다. 실제로 개구리 실험을 하면서 개구리의 죽음에 가슴 아파 눈물을 흘리는 어린이도 많았다. 하지만 범죄와 형벌은 미리 법률로써 규정하여야 한다는 '죄형법정주의'라는 원칙 때문에 이 실험은 오랜 기간 지속되었다.

비록 꽤나 오랜 시간이 걸렸지만 "19세 미만의 미성년자에게 체험·교육·시험·연구 등의 목적으로 동물(사체를 포함) 해부실습을 하게 하여서는 아니 된다"라는 동물보호법 규정이 최근에 생겼고, 해당 규정이 시행된 2020년 3월 21일부터는 개구리 해부와 같은 실험을 강제로 금지하는 일이 가능해졌다. 이처럼 법은 눈물보다 힘이 세다.

동물을 사랑하는 사람들이 점점 늘어나면서 동물 관련 법률도 하나하나 늘어나고 있다. 동물전시업, 동물위탁관리업, 동물미용업, 동물운송업은 행정기관에 신고하는 등록제로 관리함으로써 동물들이 법의 보호막 안으로 들어왔다. 또 실험동물의 기증 및 분양의 근거를 새로운 법률로 신설하여, 은밀한 방법으로 안락사

시켰던 실험용 동물들의 복지가 관심의 대상이 되었다.

이와 상반되는 경우도 있다. 사회적으로 찬반 논쟁이 뜨거운 개 식용 반대 운동이 그것이다. 개 식용을 반대하는 입장에서는 축산법상 가축에서 개를 제외해야 한다고 주장한다. 현행 축산법 시행령에는 '개'가 '가축'으로 분류되어 있다. 그러나 식용을 위한 축산물의 위생적인 관리와 그 품질의 향상을 도모하기 위한 법률인 축산물위생관리법에는 '가축'의 종류에 '개'가 포함되지 않는다. 따라서 식용으로 유통되는 개고기에 대해서는 위생을 관리하는 기준도 없고 불법적으로 개를 도축하여도 처벌할 근거가 없다.

반면 동물보호법에서 '개'는 반려동물로 분류되어 축산법에서와는 전혀 다른 지위를 갖는다. 만약 축산법 시행령상 가축의 종류에서 '개'를 삭제한다면 '개'는 반려동물이면서 동시에 농장동물이라는 이중적 지위에서 벗어나 온전히 동물보호법의 적용을 받는 반려동물로만 다뤄지게 된다. 하지만 이러한 법안은 여전히 통과되지 못하고 있고, 개 식용 문제 역시 법의 바깥에서만 논의되고 있다. 많은 반려인들과 동물권 운동가들이 눈물로 호소해 보지만 눈물은 법보다 힘이 약하다.

약한 눈물이 힘 있는 법이 되기 위해서는 사회적 실천이 요구된다. 집회를 열고 시위를 벌이거나 청원을 하는 일이 중요한 것도 이런 이유 때문이다. 하지만 깊이 생각하지 않고 필요에 따라서 그때그때 요구하는 모든 요청들이 법이 되는 것은 아니다. 또 법으로서 한번 힘을 가지고 나면 허점이나 보완점이 발견되어도 없애거나 바꾸기가 쉽지 않다. 따라서 진정으로 동물의 눈물을 닦아주고 싶은 반려인이라면 눈물의 의미와 원천을 깊고 넓게 생각하는 사유의 체력부터 길러볼 필요가 있다.

🐶 반려동물의 교통사고도 위자료를 받을 수 있을까? 🐱

어두운 밤, 반려견과 함께 아파트 단지를 산책하다가 반려견이 차에 치여 숨지는 사고를 당했다고 가정해 보자. 이 사고에 대해 과연 어떠한 법적 보상을 받을 수 있을까. 차주가 자동차 교통사고로 보험을 접수한다면 비록 한 집에서 가족의 일원으로 함께했던 반려동물의 사망 사고라고 할지라도 자동차 보험사에서는 단순히 물건으로 취급하여 '대물배상'으로 처리하고, 분양가 상당액 또는 시가 상당액을 그 배상 기준으로 적용할 것이다.

이는 우리나라 현행 민법 제98조에서 "본법에서 물건이라 함은 유체물(有體物) 및 전기(電氣) 기타 관리할 수 있는 자연력을 말한다"라고 규정한 바에 따라 사람 이외의 유체물을 모두 물건으로 정의하고 있기 때문이다. 결국 이 규정에 따르면 동물도 물건에 포함될 수밖에 없다. 동물에 대한 어떠한 특별 규정도 두고 있지 않기 때문에 동물은 생명을 가진 존재임에도 고통이나 감정을 느낄 수 없는 한낱 재물로만 취급되고 있는 상황이 발생하는 것이다.

반려동물 양육인구 1500만 명 시대에 동물을 여전히 물건 취급하고 있는 현재의 법적 규정은 시대착오적이다. 그래도 한 가지 다행스러운 점은 동물 관련 사고가 법적 분쟁으로 점차 번지게 됨에 따라 보수적인 법원의 태도까지도 변화하고 있다는 사실이다. 과거에는 반려견을 물건으로만 취급함으로써 반려견의 사망에 따른 정신적 차원은 손해배상에서 고려되지 않았지만, 최근의 판결에서는 민법상으로 비록 반려견이 물건에 해당되더라도 감정을 지니고 인간과 공감하는 능력이 있는 살아 있는 생명체라는 점, 반려견 소유자와의 사이에서 정신적인 유대감과 애정을 나눈다는 점 등을 종합적으로 고려하고 있다. 이에 따라 반려견 사망에 따른 반려견 소유자의 정신적 손해에 대한 별도의 위자료도 인정하고 있다.

지난 2017년 3월, 이정미 의원이 민법 제98조 물건의 정의에 "동물은 물건이 아니며 별도의 법률에 의해 보호되는 한도 내에서 이 법의 규정을 적용한다"라는 취지의 개정안을 발의하기도 하였지만 아직까지도 법 개정이 이루어지지 않고 있어 안타깝기만 하다. 최근 동물보호법을 강화해 동물 학대 행위에 대한 처벌 수위가 상향되고 있기는 하지만 동물이 민법상 여전히 물건으로 규정되어 생명으로서 보호받지 못하고 있는 현행법 체계에서는 여전히 실효성 있는 법적 대응에 한계가 있을 수밖에 없다.

이에 반해 해외에서는 동물의 지위를 물건이 아닌 것으로 바꾼 곳이 많다. 권리의 주체인 인간, 권리의 객체인 물건, 그리고 생명을 지닌 동물로 삼원화하고 있는 경우인데 우선 오스트리아는 1988년 "동물은 물건이 아니다. 동물은 별도의 법률들에 의해 보호된다. 물건에 관한 규정들은 유사한 규정들이 존재하지 않는 때에 한해 동물에 대해 적용된다"라며 민법을 개정했다. 프랑스도 비교적 최근인 2015년에 "동물은 감성을 지닌 생명체이다. 동물을 보호하는 법률의 유보하에 동물은 재산법제에 따른다"라는 규정을 민법에 추가했다.

독일은 동물보호에 관한 조항을 헌법에 넣은 대표적인 국가이다. 2002년 연방기본법의 환경보호 조항에 "국가는 미래세대를 위하여 책임감을 지니고 자연스러운 생활환경과 동물들을 헌법에 적합한 질서의 범위 내에서 입법을 통하여 또는 법률 및 법의 기준에 따라 행정부와 사법부를 통해 보호해야 한다"라는 골자의 규정을 명시했다. 민법 역시 1990년에 "동물은 물건이 아니다. 동물은 별도의 법률에 의해 보호된다"라고 개정함으로써 동물의 지위가 물건이 아닌 생명임을 굳건히 하였다.

우리나라도 2018년 문재인 대통령이 발의하였던 개헌안에서 "국가는 동물 보호를 위한 정책을 시행해야 한다"라는 내용의 동물권 조항을 도입한 바 있다. 헌법은 국가의 통치조직과 통치작용의 기본원리 그리고 국민의 기본권을 보장하는 대한민국 법체계상 최상위의 법이다. 이처럼 최고의 위상을 가진 헌법에서 동물권에 관한 논의가 이루어졌다는 것만으로도 동물의 권리를 보장하는 측면에서는 고무적인 성과가 아닐 수 없다.

헌법에까지 동물보호규정을 신설하려고 하였던 만큼 더 이상 민법의 개정이 지체되어서는 안 될 것이다. 동물이 상품으로 전락하여 경제적 수단으로 이용되지 않고, 동물범죄가 사회범죄로 만연해지지 않도록 이제는 동물들에게 생명으로서의 온전한 법적 지위를 찾아주고 인간과 동물이 평등하게 공존할 수 있는 방법을 모색해야 한다.

🐶 반려동물에게 재산을 상속할 수 있을까? 🐱

2019년 2월 프랑스 명품 브랜드 샤넬의 수석 디자이너인 칼 라거펠트(Karl Lagerfeld, 1933~2019)가 별세했을 때 그의 고양이 '슈페트'가 화제가 된 적이 있다. 라거펠트의 재산(약 2억 달러, 약 2242억 원)의 일부를 상속 받기로 해 지구상에서 가장 부유한 고양이가 될 것으로 알려졌기 때문이다.

고양이가 거액의 재산을 상속받은 예는 이뿐만이 아니다. 미국에서 고양이 '트로이'와 '타이거'는 2017년 8월 주인으로부터 30만 달러(당시 약 3억 3810만 원)를 상속받았는데, 주인인 엘런 프레이-

바우터스 부인은 트로이와 타이거가 안전한 곳에서 사랑받으며 지낼 수 있도록 이 돈을 써달라며 두 고양이에게 유산을 남겼다. 2011년 이탈리아에서는 고양이 토마소가 1300만 파운드(당시 약 180억 원)를 상속받았는데, 이탈리아 부동산 갑부의 미망인 마리아 아순타는 전 재산을 토마소에게 남긴다는 유언을 했다고 전해진다.

이렇듯 반려동물이 가족 구성원으로 여겨지면서 점차 자신이 사망할 때 재산을 남아 있는 반려동물에게 주고 싶어 하는 사람들이 늘고 있다. 과연 우리나라의 경우에도 반려동물에 대한 상속이 인정될까. 결론부터 말하면, 우리나라에서는 자연인(사람)과 법인만을 재산권의 주체로 인정하고 있기 때문에, 물건으로서의 법적 지위밖에 가지지 못하는 동물은 아무런 권리 능력이 없고 따라서 재산을 상속받을 수 없다. 예를 들어 부동산의 경우에는 소유자를 등기부등본에 기재해야 하는데 동물을 권리자로 올릴 수 없기 때문이다.

그렇지만 우리나라에도 이와 같은 수요에 대응하기 위해 일부 금융기관에서 '펫 신탁 상품'이 운용되고 있다. 이는 반려동물의 보호자가 죽기 전에 일정 금액을 예치해 두고 미리 해당 동물을 관리·양육해 줄 위탁관리인을 지정해 두면, 보호자 사망 후 지정받은 위탁관리인에게 해당 동물의 관리를 위한 비용이 지급되는 제도이다. 다만 위탁관리인이 돈만 받아가고 동물에 대한 실질적인 관리를 제대로 하지 않는 경우가 발생할 수 있으므로, 이를 방지하기 위해서 변호사 자격 등을 가진 신탁관리자를 두어 위탁관리인이 해당 동물을 잘 돌보는지를 관리 감독한다고 한다.

사실 미국 등 외국의 경우에도 동물 명의로 재산의 소유권을 이전해 주는 것은 사실상 불가능하다. 그렇기 때문에 대부분의 국가에서는 주인이 사망할 경우 남겨진 반려동물의 돌봄을 위한 신탁제도를 법제화하고 있다. 반려동물 인구가 점점 늘고 있는 우리나라의 경우에도 반려동물에게 유산을 상속함으로써 반려동물을 보호하고자 하는 사람들이 점차 증가할 것이다. 반려동물에 대한 유언 및 유산을 둘러싸고 법적 분쟁이 발생하게 되는 사태도 충분히 예상할 수 있다. 그렇다면 지금이야말로 분쟁 방지를 위한 반려동물보호신탁의 입법화를 비롯하여 기타 필요한 사회적·법적 장치가 무엇인지 진지하게 고민해야 할 때가 아닐까?

😺 함께 키우던 동물, 이혼하면 누가 양육권을 가질까? 😺

최근 한 유명 연예인 부부의 파경 소식이 전해지면서 아내의 SNS에 올라온 게시글이 이슈가 되었다. 남편이 이혼을 통보하면서 키우던 고양이를 데리고 가버려 이혼할 수 없다는 내용이었다. 결국에는 이혼과 더불어 그들이 함께 키우던 고양이의 양육권이 문제가 되었는데, 비록 결혼하기 전부터 남편이 키우던 고양이였

으나 결혼한 이후에는 아내가 주로 돌보며 정을 주었던 모양이다. 이처럼 반려동물 1500만 시대를 맞으면서 부부가 이혼하면 함께 키우던 반려동물은 누가 키우게 되는지에 대한 반려동물 '양육권' 문제가 새로운 사회문제로 떠오르고 있다.

가족이라는 마음으로 키웠을지라도 민법 제98조는 반려동물을 '물건'으로만 인정하고 있고, 아직 반려동물의 '양육권'에 관한 특별한 규정이 없는 현실에서 반려동물에 대한 다툼은 결국 '재산분할'의 대상으로 취급된다. 이에 따라 재산법의 법리가 적용되어 반려동물을 누가 언제 입양을 했는지, 처음 반려동물을 데려올 때 분양비를 누가 부담했는지, 반려동물을 기를 때 사료나 병원비는 누가 부담했는지, 동물등록제 대상동물의 경우 누구 명의로 등록이 되어 있는지 등을 입증하며 반려동물의 소유권 귀속을 따지게 될 것이다. 이혼 조정 절차에서 자녀에 대한 양육권 및 면접교섭권과 비슷한 형태로 반려동물에 대한 양육권 및 정기적인 면접교섭권 등이 쌍방 합의에 따라 결정된다.

최근 미국 캘리포니아에서는 2019년 1월부터 동물 양육권 판정 시 반려동물의 행복을 고려해야 한다는 취지의 법이 시행되고 있다. 이에 따라 판사는 누가 반려동물을 잘 양육할 수 있는지를 심리해 반려동물의 양육권을 결정할 수 있게 됐다고 한다. '누가 산책을 자주 시켰는지' '동물병원을 찾았는지' 등이 양육권 결정에 있어 중요한 고려 대상이 되는 것이다. 위에서 언급했던 유명

연예인 부부의 경우 아직까지 우리 법은 반려동물의 행복을 직접적으로 고려하지 않으므로, 단순히 처음 고양이의 소유권을 취득하였던 남편에게 양육권이 인정될 가능성이 높다. 동물을 소유의 개념으로 보는 것을 넘어 반려동물의 행복을 먼저 고려하는 성숙된 의식과 그를 뒷받침하는 법 제도의 개선이 시급해 보인다.

😀 아파트에서 반려동물을 키우지 못하게 강제할 수 있을까? 😺

서울 소재 아파트에 거주하는 A씨는 출근을 위해 집을 나설 때마다 식은땀이 흐른다. 옆집에서 키우는 반려견이 A씨의 발걸음 소리를 들을 때마다 마구 짖어대기 때문이다. 방음이 잘 되지 않는 아파트인지라 조용한 밤이면 A씨의 뒤척이는 소리 하나에도 옆집 반려견은 어김없이 화가 나기라도 한 듯 짖어댄다. 같은 일이 반복되자 A씨는 아파트 관리소장에게 여러 번 건의했지만 아무런 소용이 없었다. A씨는 점점 옆집에 대한 분노가 쌓여간다.

2018년 서울 강동구에서는 이웃집에 불을 지른 60대 남성이 경찰에 체포됐다. 이웃집 출입문 유리를 깬 뒤 이불을 집어넣고 라이터로 방화를 한 것이다. 이웃이 기르는 고양이의 울음소리가 시끄럽다는 것이 그 이유였다. 다행히 고양이 주인은 잠시 외출을 했던 덕분에 피해를 면했지만, 이웃집의 68제곱미터가 타고 그을렸다. 가볍게 생각했던 동물로 인한 분쟁이 심각한 사회 범죄로 변질되는 순간이다.

어느덧 우리나라의 반려동물과 함께하는 인구가 600만 가구, 1500만 명에 육박하면서 공동주택에서도 손쉽게 반려동물과 마주치고는 한다. 그러나 모든 사람들이 동물을 좋아할 수만은 없다 보니 이와 관련한 분쟁도 점점 증가하는 실정이다. 분쟁이 심각해진 아파트 단지의 경우에는 해당 단지 내에서 반려동물을 키우는 행위 자체를 금지하기도 한다.

그렇다면 아파트에서 반려동물 사육을 강제로 금지할 수 있는 것일까. 현재로서는 공동주택에서의 동물 사육과 관련한 구체적이고 명확한 기준이나 법령이 완비되어 있지 못하기 때문에 아무런 이유 없이 반려동물을 전면적으로 키우지 못하게 할 수는 없다. 다만 공동주택관리법 시행령은 가축을 사육함으로써 '공동주거생활에 피해를 미치는 행위'에 관하여는 '관리주체의 동의'를 얻도록 정하고 있다. 그러므로 반려동물을 키우면서 이웃에게 피해를 준 경우라면 규제의 대상이 될 수도 있다.

'공동주거생활에 피해를 미치는 행위'란, ① 공용부분(승강기, 복도, 화단 등)에 배설물을 방치하는 행위, ② 가축으로 인해 공용부분으로의 통행에 어려움을 주는 행위, ③ 가축이 입주자등에게 위협, 위해, 혐오를 주는 행위 등과 같이 반려동물로 인해 실질적으로 이웃이 피해를 입게 되는 행위들을 의미한다.

그렇다면 어떻게 '관리주체의 동의'를 얻어야 할까. 이에 대하여는 해당 아파트의 각 '공동주택관리규약'을 확인할 필요가 있다. 예를 들어 '서울시 공동주택관리규약 준칙'에서는 통로식 아파트의 경우 해당 통로에, 복도식 아파트의 경우 해당 복도 층에 거주하는 입주자 과반수의 서면 동의를 받도록 하고 있고, 특히 직상하층을 포함하여 직접적인 피해를 받는 인접 세대의 동의를 반드시 받도록 하고 있다.

공동주택에서 반려동물로 인해 발생한 분쟁에 대한 다음 판례들을 살펴보자. 법원에서는 서울 강남의 한 고급 아파트 주민이 이웃의 대형견이 자신을 위협한다며 사육 및 복도 출입을 금지해달라고 신청한 것을 받아들이지 않았다. "이웃의 반려동물로 인해 피해를 입었더라도 입주자는 직접 반려동물의 소유자에게 반려동물 사육 금지 및 주택 퇴거 등을 청구할 수는 없다"는 점과 "대형견을 기르는 것이 공동주거생활의 질서 유지를 위해 바람직한 행위는 아니지만 이웃의 인격권이 침해될 위험이 있다고 보기 어렵고, 문제의 '골든 리트리버' 종이 안내견이나 인명구조견으로 활용될 정도로 유순한 종에 해당"되기 때문에 동물 사육이 위협을 가하고 피해를 주는 경우가 아니라는 것이다. 한편 관악구의 복도식 임대아파트에서 대형견 '도베르만 핀셔'를 키우는 입주민에게 계약 해지를 요구한 SH공사에 대해서는 "공동생활에 피해를 미치는 경우에는 이웃 주민이 그 애완견으로부터 위협을 느끼거나 애완견에 대해 혐오를 느끼는 경우도 포함된다"며 SH공사의 손을 들어주기도 하였다.

이처럼 분쟁이 발생한 경우에는 일률적인 잣대가 아닌 주변 사정들을 종합적으로 고려하여 판단하게 된다. 따라서 공동주택에서 반려동물 관련 분쟁을 원만하게 해결하기 위해서는 갈등 상황이 심각하게 치닫기 전에 이웃 간의 대화와 타협을 통해 문제를 해결하는 것이 가장 중요하다. 반려인은 타인과 분쟁이 될 수 있는 상황을 사전에 예방(산책 시 배변 치우기, 목줄 등 안전장치 착용, 다른 사람이 타고 있는 엘리베이터는 타지 않고 양보하기 등)하고 반려동물의 짖음 등에 관한 민원이 들어왔다면 이를 심각하게 받아들인 후 방치하지 않고 훈련 등을 통해 교정하는 등 방안을 모색해야만 할 것이다.

반려인이 문제를 해결하기 위해 노력하는 모습을 보인다면 그 이웃 역시 동물과 더불어 사는 방법에 대해 고민하고 최대한 이해하려 노력해야 한다. 그래도 피해가 회복되지 않는다면 반려동물로 인해 피해를 입은 당사자는 '이웃분쟁조정센터', '환경분쟁조정위원회' 또는 거주하는 자치구의 '공동주택관리 분쟁조정위원회' 등 중재기관에 조정을 신청하여 제도적인 도움을 구할 수 있다.

반려인은 반려동물과 함께하는 행복을 권리로 보장받기 위해서는 그에 따르는 기본적인 의무 이행이 전제되어야 한다는 것을 항상 잊지 말자. 이와 더불어 정부는 반려인과 비(非)반려인 사이를 중재하고 교육할 수 있는 전문기관 및 전문위원들을 양성하고, 캠페인이나 교육 등을 통하여 서로가 서로를 이해하고 배려할 수 있는 사회 문화를 만들어나가야 할 것이다.

🐶 반려동물 안락사,
누가 결정하고 누가 시행하는 것일까? 🐱

최근 한 대형 동물보호단체의 대표가 공공연하게 '안락사 없는 보호소'를 표방하면서 대규모 모금을 진행하였지만, 실제로는 기존에 구조된 동물들에 대한 지속적인 관리를 포기한 채 관리 비용 부족, 보호 공간 부족 등을 이유로 정당한 사유 없이 개체 수 조절을 위한 안락사를 시행한 사실이 드러나 충격을 안겨주었다. 사정이 있다면 누구에게든 동물의 안락사는 허용되는 것일까.

동물의 안락사란 불치의 중병에 걸려 치료 및 생명 유지가 무의미하다고 판단되는 동물에 대하여 직간접적 방법으로 동물을 고통 없이 죽음에 이르게 만드는 행위를 말한다. 현행 동물보호법 및 동물보호센터 운영지침에 따르면 동물의 안락사가 허용되는 경우는 다음의 경우로 제한된다. 지자체에서 운영하는 동물보호센터의 장 및 운영자는 보호조치 중인 동물에 대하여 ① 동물이 질병 또는 상해로부터 회복될 수 없거나 지속적으로 고통을 받으며 살아야 할 것으로 수의사가 진단한 경우, ② 동물이 사람이나 보호조치 중인 다른 동물에게 질병을 옮기거나 위해를 끼칠 우려가 매우 높은 것으로 수의사가 진단한 경우, ③ 법에 따른 기증 또는 분양이 곤란한 경우 등 시·도지사 또는 시장·군수·구청장이 부득이한 사정이 있다고 인정하는 경우에 한해 안락사를 허가한다. 이 경우도 동물의 고통 및 공포를 최소화하는 방법으로, 다른 동물이 볼 수 없는 별도의 장소에서 신속하게 수의사에 의해 인도적으로 시행되어야 한다. 이와 같은 규정에 의해 인도적으로 처리된 동물의 사체는 폐기물관리법에 따라 처리하거나 동물장묘업의 등록을 한 자가 설치·운영하는 동물장묘시설에서 처리하여야 한다.

따라서 수의사가 아닌 자에 의해 안락사가 시행되거나 정확한 수의학적 처치가 이루어지지 않은 경우, 정당한 사유 없이 동물을 죽음에 이르게 하는 경우는 모두 그 정당성이 인정되지 않는다. 안락사가 아닌 동물 학대에 해당될 가능성이 있는 것이다. 그런데 최근에는 일부 반려동물 장례·화장 업체가 무분별한 '안락사 광고'를 하고 있어 많은 우려가 제기되고 있다. 반려동물 장례 서비스를 제공하는 일부 업체는 반려견의 안락사 결정이 오로지 보호자의 판단으로만 결정되어야 한다며, 주변 사람이나 동물병원에서 결정하도록 선택을 미뤄서는 안 된다고 주장한다. "본 업체를 통해 안락사를 진행하면 일반 병원 대비 저렴하게 안락사를 진행할 수 있다"라며 안락사 방법까지 자세하게 설명하고 있는 업체의 광고는 안락사 문제를 법의 문제가 아닌 보호자의 임의적 결정에 따른 문제로 축소시킨다.

최근 동물보호법이 개정되면서 동물을 유기할 경우 300만 원 이하의 벌금에 처해지도록 처벌이 강화되고 있는데(시행일 2021년 2월 12일), 이 시점에서 업체들에 의한 허가받지 않은 안락사는 생명에 책임을 지지 않으려는 무책임한 반려인들이 법망의 바깥에서 죄책감 없이 유기 행위를 저지르는 것에서 더 나아가 안락사를 선택하도록 부추길 위험이 있다. 이는 책임 회피 수단, 생명 경시 사상으로 확대되어 심각한 사회문제를 야기할 수도 있다. 나아가 장례 서비스 업체들이 동물병원과 연계해 안락사를 유도하고 그에 따른 리베이트가 제공되는 것이 확산된다면, 비록 수의사를 통해 안락사가 시행된다 할지라도 인도적 차원의 안락사가 아닌 '수익을 위한 무차별적 안락사'로 변질될 우려가 크다.

반려인은 법적으로는 자기 소유의 동물이라고 할지라도 그 생명의 유지 여부까지 자신이 결정할 수 있다는 우월감에 젖은 생각을 버리고 생명의 존엄성을 최우선의 가치로 가져야만 한다. 수의사의 경우에도 보호자가 요구한다고 할지라도 안락사는 수의학적으로 질병이 호전될 가능성이 더 이상 없는 상태에서 반려동물의 극심한 고통을 줄여주기 위한 최후의 수단으로만 적용되어야 한다는 윤리 의식을 제고하여 동물의 생명을 경제적 이익 수단으로 삼지 말아야 할 것이다. 최종적으로는 이와 같은 우려를 근절하기 위한 방편으로 법 개정을 통해 동물 안락사의 시행 주체, 대상, 방법 및 처벌을 더욱 명확하게 규정해야 한다.

😺 산천어도 동물보호법의 보호대상이 될 수 있을까? 😺

지난 2003년부터 매년 겨울 강원도 화천군에서는 대한민국이 가진 새로운 문화유산이라는 표어 아래 '화천 산천어축제'를 주최해 왔다. 그런데 최근 동물권 단체들을 주축으로 이 산천어축제가 사실은 대한민국에서 가장 반(反)생태적, 비인도적이고, 비교육적인 축제라는 비난이 일기 시작했다. 심지어는 동물보호법 위반행위라는 이유로 고발장이 접수되기에 이르렀다. 산천어 축제는 왜 비난의 대상이 된 것일까. '산천어'도 동물보호법의 보호 대상이 될 수 있는 것일까.

동물보호법은 1991년 5월 31일자로 제정되고 같은 해 7월 1일자로 처음 시행된 후 현재까지 수차례에 걸쳐 개정되었다. 이 법은 동물에 대한 학대 행위를 방지하고 동물을 적정하게 보호·관리하기 위하여 필요한 사항을 규정하고 있다. 나아가 동물의 생명 보호, 안전 보장 및 복지 증진을 꾀하고, 건전하고 책임 있는 사육문화를 조성하여, 동물의 생명 존중 등 국민의 정서를 함양하고 사람과 동물의 조화로운 공존에 이바지함을 목적으로 한다. 그런데 이와 같은 동물보호법도 모든 동물을 보호대상으로 삼고 있는 것은 아니다. "고통을 느낄 수 있는 신경체계가 발달한 척추동물인 포유류, 조류"는 주요대상으로 하지만, 식용을 목적으로 하는 파충류·양서류·어류의 경우에는 보호 범주에서 제외된다.

그렇다면 산천어 축제에는 어떤 문제가 있는 것일까? 산천어 축제에 대하여 동물 학대 문제가 불거지게 된 것은 축제의 핵심인 '산천어 체험'이다. 산천어는 영서지방인 화천군에서는 자생하지 않는 어종이다. 따라서 오로지 유흥·오락 목적의 이 축제를 위해서 영동지방에서 양식한 180만 톤(80만 마리)의 산천어를 무리한 운송 방식으로 공급받아, 5~7일을 굶겨 극도의 굶주림을 야기한 상태에서 얼음 속 밀집된 환경에 투입시킨다. 그러고는 하루 수천 명이 드리우는 얼음낚시 미끼를 물고 잡혀 죽거나, 홀치기바늘에 몸통이 찔려 올라와 죽거나, 혹은 극심한 고통과 스트레스 속에서 굶고 쇠약해져서 떼죽음에 이르고 만다. 이것이 바로 축제라 불리는 현장의 민낯인 것이다. 그럼에도 산천어는 동물보호법 적용 대상에서 제외되는 '식용을 목적으로 하는 어류'에 해당하기 때문에 현재의 법적 체계로는 아무런 문제도 제기할 수가 없다.

이에 고발장을 작성한 변호사들은 이 사건에 동원되는 산천어들이 화천군수 및 주최 측이 주장하듯 예산이 부족한 지자체의 한

• 산천어축제 참가자가 손으로 잡은 물고기(출처: 동물을위한행동)

계를 극복하고 화천군을 홍보하기 위한 특정 목적 하에 인위적으로 양식된 것이라는 점에 중점을 두었다. 즉 산천어 '양식'의 목적이 '식용'이 아니라 '유희용 또는 오락용'이라는 것이다. 비록 일부 참가자에 의해 산천어가 식용 목적으로 사용되기도 하지만 '식용' 목적으로 제한되었다고 보기 어려운 이유가 있다.

화천군은 위 축제에서 1인당 반출할 수 있는 산천어의 수를 세 마리로 제한한다고 밝히고 있지만, 현장에서는 오직 재미를 위해 열 마리, 스무 마리씩 무분별하게 산천어를 잡는 경우를 흔하게 볼 수 있다. 그렇다면 이처럼 애초부터 식용이 아닌 축제 참가자들의 오락과 유희를 위한 용도로 '양식'한 산천어들을 일괄적으로 '식용'이라 정의할 수는 없지 않을까.

동물보호법의 입법목적이 동물의 생명 보호 및 생명 존중에 대한 국민의 정서 함양, 그리고 사람과 동물의 조화로운 공존을 근간으로 하고 있다면, 그 보호범위를 임의적인 기준에 따라 지나치게 협소하게 적용하는 것은 개선되어야 하지 않을까. 고통 속에서 매해 잔인하게 죽어가는 산천어들이 동물보호법상의 동물이 될 수 없다는 근거는 과연 확실한 것일까.

동물보호와 동물복지는 비단 우리와 한 집에서 교감하는 강아지, 고양이 등 반려동물에만 국한되는 문제가 아니다. 이제는 온 가족의 축제라는 이름으로 지난 시간 애써 외면해 왔던 동물을 통한 오락문화의 이면을 바라보아야 할 때이다. 다소 생명의 무게를 가볍게 취급하였던 파충류·양서류·어류 등의 동물에 대해서도 불필요한 살상과 생태계 파괴를 지양하면서 생명의 가치를 존중하고 공존하는 삶을 살 수 있는 방법이 무엇인지 한번 더 진지하게 고민해 볼 시점이 도래하지 않았나 싶다.

✐ 동물원을 바라보는 시선은 크게 두 가지로 갈린다. 하나는 동물들을 대중에게 공개함으로써 생태에 관한 올바른 지식을 전달하고 야생생물을 보호하며 증식을 통해 종(種) 보존의 역할까지 수행한다고 보는 입장이고, 다른 하나는 자연 생태계와는 다른 인위적인 동물원 환경이 동물복지를 심각하게 위협할 수 있다고 보는 관점이다. 동물원이 반드시 필요한지와 더불어 체험동물원이나 실내동물원 같은 새로운 형태의 동물원이 가져오는 문제점을 살펴보고 대체 방안을 논의해 보자.

🦴 세계적인 영장류학자 제인 구달은 신종 코로나 바이러스와 관련해 다음과 같이 자신의 생각을 밝혔다. 제인 구달의 비판에 대해 생각해 보고, 인간과 동물의 아름다운 공존 방안을 토론해 보자.

"신종 코로나바이러스 감염증(코로나19) 대유행은 자연과 동물에 대한 인류의 무지와 학대에서 비롯됐다. 전염병은 오래전부터 예측됐다. 우리가 숲을 파괴하면서 서로 다른 종의 동물들이 접촉하고 질병이 한 동물에서 다른 동물로 옮겨지고 있다. 감염된 동물은 인간과 가깝게 접촉하면서 결국 인간을 감염시킬 가능성이 높아진다. 아프리카나 아시아, 특히 중국에서 야생동물들이 사냥되고 육류 시장에서 팔리고 있다."

03

동물과 함께
행복해지는
철학 수업

존중

반려동물에서
반려종으로

백지연

서울여자대학교 국어국문학과 초빙교수

⊙ 종차별 없는 세상을 향하여 😺

2018년 10월 14일, 서울 종로구 보신각 공원 일대에서 동물해방물결(공동대표 이지연·윤나리)과 동물권 단체가 주도하는 '종차별 없는 세상을 향한 2018 동물권 행진'이 시작되었다. 행진을 주도한 동물해방물결 대표는 "세계적 흐름에 합류하는 한국 최초 동물권 행진으로서 동물을 시혜적으로 보호 또는 애호하기를 넘어, 지각력 있는 모든 비인간 동물이 '고통받지 않을 권리'를 외치는 국내 동물권 운동의 진일보가 되길 바란다"고 취지를 발표했다. 행진에서는 '나는 모피가 되고 싶지 않다', '삼겹살이 아니라 나다', '나는 실험실에서 죽고 싶지 않다'처럼 동물의 목소리를 대변하는 피켓들이 보였다. 보신각에서 청계광장과 젊음의 거리로 이어진 동물권 행진은 특정한 종이나 성별, 지위에 관계없이 생명권을 존중받아야 한다는 생각을 나누는 자리였다.

그동안 한국의 동물권 행진이 열리기까지 개인 활동이나 단체 차원에서 동물권리 주장과 동물보호 운동은 꾸준하게 진행되어 왔다. 동물권 이야기가 광장의 목소리로 사람들에게 공유될 수 있던 것도 이러한 활동들 덕분이다. 많은 사람들이 기억하듯이 동물 이야기는 2016년 겨울부터 본격화된 광화문 촛불광장에서도 등장하였다. 동물비하적인 코스프레나 약자들을 동물에 빗대 혐오하는 발언들이 있었고, 이를 비판하는 여러 종류의 깃발과 피켓이

• 2018년 10월 14일 종로에서 진행된 동물권 행진(출처: 애니멀라이트)

눈길을 모았다. 동물 혐오를 반대하는 피켓은 사회적 약자 및 소수자의 목소리를 대변하는 피켓들과 광장에 나란히 등장하였다.

한국 사회에서 다양성과 차이를 지닌 여러 크고 작은 집단들이 함께한 동물권리 보호운동은 동물의 문제가 그만큼 우리 삶 속에서 중요한 위치를 차지하고 있음을 알려준다. 동물을 생각하는 일은 일상 속에서 쉽게 차별되고 배제되는 타자에 대한 성찰과 직접적으로 연결된다. 더불어 인간만이 지구의 중심적 생명체라는 생각을 비판적으로 돌아보게 한다.

엄청난 속도로 발달한 물질 문명과 그로 인한 환경 파괴, 기후 변화와 미세먼지, 산업재해와 전염병의 발생은 인간이 환경을 주도할 수 있다는 생각이 얼마나 무모한지 가르쳐준다. 아마존의 산불이 끝없이 삼림을 태우고 수많은 야생동물이 사라지고 있다. 기후 변화로 빙하가 녹고 먹이를 얻지 못한 북극곰이 떠내려가 죽는다. 그뿐인가. 무시무시한 원전 사고 이후로 후쿠시마의 소들은 삶의 터전을 잃었다. 2019년 호주 산불은 코알라를 비롯한 많은 야생동물의 목숨을 빼앗았다. 해마다 반복되는 동물 전염병으로 살처분되는 동물은 얼마나 많은가.

많은 사람들을 위협하는 질병과 바이러스는 인간과 동식물, 지구의 생명체들이 얼마나 서로 밀접하게 연관되어 있는지를 잘 알려준다. 페미니스트이자 인류학자이고 문화비평가인 도나 해러웨이(Donna J. Haraway, 1944~)가 이야기했듯이 나쁜 질병을 일으키는 생명체는 무엇인지, 과연 그것을 자연스럽게 내보내기 위해서는 다른 어떤 생명체들이 필요한지도 함께 생각해 보아야 한다. 서로에게 기대고 공생하는 이 지구에서 동물과 인간의 관계를 생각하는 일 역시 이러한 지구에서 숨 쉬며 함께 사는 모든 생명체의 이야기와 연결되어 있다.

🐶 더불어 살고, 사랑을 나누는 친구 🐱

사전에서 반려동물(伴侶動物, companion animal)은 '사람이 정서적으로 의지하고자 가까이 두고 기르는 동물'로 정의된다. 혹은 '사람과 더불어 사는 동물로, 동물이 인간에게 주는 여러 혜택을 존중하며 사람의 장난감이 아닌 더불어 살아가는 존재'로 설명할 수 있다. 과거에는 종종 애완동물이라는 말을 썼지만 동물의 권리에 대한 관심과 이해가 높아지면서 더불어 살아가는 존재로 반려동물을 이야기한다.

세계 학계에서는 1983년 10월 27~28일 오스트리아 빈에서 인간과 애완동물의 관계(the human-pet relationship)를 주제로 열린 한 국제 심포지엄에서 본격적으로 반려동물의 범주를 이야기했다. 가정에서 가깝게 키우던 개나 고양이, 새 등의 동물에서 승마용 말까지 범위를 넓혀 더불어 사는 존재로 동물을 인식하자는 이야기가 나왔다.

우리 사회에서도 가구당 반려동물을 키우는 비율이 점점 높아지고 있다. 특히 대도시의 핵가족, 1인 가구에서 반려동물을 키우는 사례가 많아졌다. 2018년 서울시에 거주하는 1000명에게 실시한 설문조사에 따르면 반려동물 보유 가구 비율은 20퍼센트를 기록했다. 특히 성장기의 아이들과 청소년들의 경우 동물에게 호기심을 지니고 직접 키우고 싶어 하는 경우가 많다.

사자, 코끼리, 물개 등 동물원에 가야 만날 수 있는 동물도 있지만 개와 고양이를 포함하여, 물고기, 달팽이, 토끼, 병아리, 햄스터, 거북이 등은 생활 공간에서 만나고 교감하는 일이 가능하다. 동물의 범주를 가축이라고 불리는 농장동물, 그리고 실험동물, 동물원의 동물, 야생동물, 유기동물 등으로 나누지만 실제로는 모든 카테고리의 동물들이 우리의 삶과 연결된다. 집과 학교, 체험농장, 실험실, 동물원, 길에서 우리는 많은 동물들을 만나며, 자신이 동물을 키우지 않더라도 어떤 방식으로든지 동물과 마주친다.

동물과 인간의 관계에 관심을 기울이는 의학 전문가들은 반려동물을 키우면서 정서적 위안과 안정감을 얻는 이들이 많다는 사실에 주목한다. 미국노인병학회는 반려동물을 기르는 노인이 그렇지 않은 노인보다 우울감을 덜 느낀다는 연구 결과를 발표하였다. 동물을 기르면 뇌 활동이 활발해져 뇌 신경세포의 수상돌기가 늘어나고 정보처리능력이 향상된다는 연구 결과가 보고되었다. 성장기의 아이에게도 반려동물은 사회성을 기르는데 많은 역할을 한다고 알려져 있다. 실제로 인성 교육이나 심리 치료의 한 방법으로 반려동물의 도움을 받기도 한다. 호주와 영국의 한 연구 결과에 의하면 반려동물을 기른 어린이의 면역체계가 동물을 기르지 않은 아이보다 더 건강하고 위장염을 덜 겪는 것으로 나타났다.

동물과 교감을 나눈 경험이 있는 사람들이라면 인간만이 생각하고 사랑하고 느끼는 지구상의 유일한 생명체라는 고정관념이 잘못되었음을 쉽게 느낄 수 있다. 동물과 인간의 문화를 관찰하는 작가인 엘리자베스 M. 토마스(Elizabeth M. Thomas, 1931~)는 인간이 감정과 도덕성에 관련해 동물들에게 빚을 지고 있다고 말한다. 그녀에 따르면 우정은 인간끼리만 나누는 감정이 아니다. "우리가 수천, 수만 종의 생물들 가운데서 오직 하나의 생물하고만 우정을 나눌 수 있다는 생각은 정말 말이 안 돼요"라고 말한 그녀는 인간이 어떻게 개와 고양이를 기르게 되었는가라는 물음은 잘못된 것이며, 그들이 인간을 받아들인 것이라고 말한다. 관계라는 것은 상호의존적이며, 서로를 인내하고 협동하는 가운데 만들어진다. 인간과 동물의 관계 역시 갈등과 협동의 복잡한 과정 속에서 진행되어 왔음을 새롭게 돌이켜볼 필요가 있다.

🐶 모든 동물의 삶은 존중받을 권리가 있다 🐱

1978년 10월 15일 프랑스 파리 유네스코 본부에서 처음 공포된 세계동물권선언 1·2조의 내용은 다음과 같다.

> "모든 동물은 생태계에서 존재할 평등한 권리를 가지고 있다. 이 권리의 평등은 개체와 종의 차이를 가리지 않는다. 모든 동물의 삶은 존중받을 권리가 있다."

이 선언은 인간이 동물을 존중하는 것이, 인간이 다른 인간을 존중하는 것과 다르지 않다고 강조한다. 동물권 선언에도 담겨 있지만 동물 해방론은 길고 긴 인류 문명의 역사에 뿌리 깊게 움직여온 종차별주의를 비판하는 데서 출발한다.

인간 외의 다른 종에 대한 차별과 우위를 정당화하는 종차별주의는 인간만의 이성 능력과 해결 능력을 강조하는 사유에서 출발한다. 고대 그리스 철학자인 아리스토텔레스는 인간이 언어를 사용할 수 있다는 점에서 윤리적인 존재라고 주장하였다. 아리스토텔레스에 따르면 인간은 생태계에서 동물과 식물보다 위에 있는 존재이다.

언어로 사고하고 자신의 생각과 감정을 표현한다는 점에서 인간이 다른 동물에 비해 월등하다고 주장한 아리스토텔레스의 생각은 이후 사람들에게 많은 영향을 미쳤다. 기독교 성서의 교리 역시 신이 창조한 인간 종이 다른 동물보다 우위에 있는 피조물의 정점이라는 사실을 강조한다. 신과 연결된 존재로서의 인간의 가치를 주장한 성 아우구스티누스(Augustinus, 354~430), 불멸의 영혼을 지닌 인격체로서의 인간의 우월성을 주장한 토마스 아퀴나스(Thomas Aquinas, 1225~1274)도 인간 종이 다른 동물보다 위에 있다고 강조한다.

동물학자인 피터 싱어는 특히 계몽시대 이후 동물에게 가장 고통스러운 기독교 교리가 17세기 초 데카르트의 철학으로 집중되어 나타난다고 말한다. 데카르트는 인간의 사유와 언어능력이 지니는 압도적인 우월성을 강조하며, 동물은 언어를 사용할 수 없으므로 '마음 없는 자동기계'에 불과하다고 말했다. 인간만이 영혼을 지니고 있기에, 영혼이 없는 동물은 쾌락이나 고통을 모두 느끼지 못한다는 것이다. 동물의 내면이나 심리, 고통 자체를 부정하는 데카르트의 단호한 의견은 당대 학자들에게 많은 비판을 받았다. 로크(John Locke, 1632~1704)는 동물도 우리와 같은 감각 기관이 있으며, 고통과 감정을 느낀다고 반박하였다. 칸트(Immauel Kant, 1724~1804)도 인간이 이성과 자율성을 지닌 존재인 데 반해 동물은 이성적, 도덕적 행위자가 아니지만, 그렇다고 해서 동물을 학대할 수는 없다고 주장했다. 이들은 동물의 고통과 감정을 인정하기에 학대해서는 안 된다고 보지만, 근본적으로는 동물보다 인간을 우월한 존재로 평가한다는 점에서 한계를 보여준다.

동물행동학의 연구와 동물권리의 논의가 본격화된 데는 다윈의 진화론이 큰 기여를 하였다. 다윈의 진화론은 인간 종이 다른 동물에서 기원했음을 과학적으로 밝혔다. 인간이 지닌 도덕 감정이 동물의 사회적 본능에서 생겨났으며, 인간과 다른 동물들의 감정 반응이 비슷할 수 있음을 과학적인 증거로 제시한 것이다.

다윈의 진화론이 주도한 과학 혁명과 더불어 흥미로운 점은 18세기 인권론의 부상과 더불어 동물권에 대한 논의도 시작되었다는 점이다. 루소(Jean Jacques Rousseau, 1712~1778)는 동물이 법과 권리 등의 개념을 인식하지 못해도 지각이 가능한 존재이므로 상처 입는 것으로부터 보호받아야 한다고 생각하였다. 루소는 동물이 인간처럼 언론, 종교, 정치의 자유를 행사할 수는 없지만, "최소한 인간으로부터 고의적으로 학대받지 않을 권리"를 지닌다고 주장한다.

현대적 맥락에서 동물해방론은 제레미 벤담(Jeremy Bentham, 1784~1832)의 공리주의에 뿌리를 두고 있다. 벤담은 인간처럼 동물도 고통을 느끼기 때문에 인간과 동물을 차별해서는 안 된다고 하였다. 공리주의적 입장에서 동물복지론*을 주장하는 벤담의 논의를 연결하여 본격적인 동물해방 논의를 펼친 학자는 피터 싱어다. 싱어는 수많은 동물실험과 잔혹한 공장식 농장의 현실을 강하게 비판했다. 그는 인간에게 얼마나 유익한지에 따라 동물을 제한적으로 배려하는 사고 자체를 바꾸자고 말한다. 그러기 위해서는 인간 자신의 혁명적 변화가 필요하다. 투표도 시위도 그 어떤 저항도 조직적으로 할 수 없는 동물들에 비해 인간은 이 지구를 바꾸고 개혁하고 다른 종들에게 영향을 미칠 수 있는 존재이다. 그는 "우리의 지배하에 있는 생물 종들에 대한 무자비한 착취를 종식시킴으로써 진정한 이타성을 발휘할 수 있는 능력이 우리에게 있음"을 강조한다.

피터 싱어와 더불어 현대의 동물해방론에 큰 영향을 미친 학자는 톰 리건(Tom Regan, 1938~2017)이다. 리건은 싱어가 말한 인간

---

* 반려동물과 가축뿐 아니라 실험동물까지 범주를 넓혀 동물의 안전과 생존권을 보장하는 논의의 흐름을 뜻한다. 특히 피터 싱어와 같은 학자들은 인간의 쓸모에 따라 동물을 배려하는 소극적 동물복지가 아니라 동물 존재의 입장에서 생각하는 적극적 복지를 추구한다.

과 동물의 평등론을 지지하면서도 모든 생명체는 고유한 존재 가치를 존중받아야 한다고 주장한다. 그는 인간중심적인 도덕과 윤리의 각성보다는 동물 고유의 생명권과 자유를 주목한다. 리건은 인간의 관점에서 동물이 해석되거나 인지될 수 없다고 본다. 아무리 인간에게 필요하다 할지라도 동물을 가두고 죽이는 모든 행위는 결코 합리화될 수 없다. 인간의 도덕적 판단이나 의무 이전에 동물의 생명권이 위치한다고 보는 것이다.

😺 동물해방, 평등과 차이를 사유하는 방법 😺

지금까지 서구 사상의 흐름에서 살펴본 동물 논의들은 동물복지론이나 동물권리론 등으로 모아지는 실천적인 성과에도 불구하고 아쉬운 점도 보여준다. 여러 동물 연구들이 인간과 동물의 관계를 이분화한다거나, 종의 차이를 무조건적으로 거부하는 단일한 평등 논의로 기울어지기도 하는 등 일정한 한계에 부딪힌다.

동물해방운동이 지니는 특성이 생태, 여성, 환경 문제들과 연결되는 지점이 어디일까도 고민거리이다. 무엇보다도 동물과 관련한 학문이나 연구들이 대부분 서구 철학에 기반을 둔 것을 보면 동양 사상의 맥락에서도 동물론의 현대적 가능성을 살펴볼 필요가 있다. 특히 불교 사상의 경우에는 인간과 동물의 관계를 매우 심도 있게 다루고 있으므로 현대적인 적용과 해석이 필요하다.

불교는 연기설(緣起說)과 윤회설(輪迴說)을 통해 인간과 동물이 한 생명 구조 속에서 동등한 의미를 지닌 평등한 존재로서 연속성을 지닌다고 본다. 우선 연기설에서는 인간과 동물뿐 아니라 식물을 포함한 모든 세계의 살아 움직이는 존재들이 서로 의지하고 있는 연속적인 동체(同體)이며, 삶의 순환에 동등하게 기여하는 평등한 존재라고 주장한다.

불교의 윤회설은 우리가 잘 알고 있듯이 수레바퀴가 끊임없이 구르는 것처럼, 중생이 번뇌와 업에 의하여 삼계육도(三界六道)*의 생사 세계를 끊임없이 돌고 도는 것을 말한다. 불교에서는 지금의 생, 과거의 생, 미래의 생이 함께 연결되어 순환된다고 본다. 이번 생에서는 인간으로 살 수 있지만, 다음 생에서 동물이나 식물로 살 수도 있다. 모든 생명은 존귀하기에 어떤 생명도 함부로 대할 수 없고, 억압하면 안 된다고 가르치는 것이다.

그런데 불교가 말하는 '차이를 고려한 평등'의 의미는 좀 더 생각해 볼 여지가 있다. 여기서 모든 생명체를 '나와 같이' 할 것의 개념은 무아(無我)를 전제로 한 평등이며 동정심, 연민, 자비의 실천을 이끈다. 불교에서는 각자의 됨됨이, 자유로운 존재 방식을

---

* 삼계는 중생이 사는 세 가지 세계로 욕계(欲界), 색계(色界), 무색계(無色界)를 말한다. 육도는 중생이 선악의 원인에 의해 윤회하는 여섯 가지의 세계로 삼악도(지옥·아귀·축생)와 삼선도(천도·인도·아수라도)를 통틀어 이르는 말이다.

염두에 두고 존재를 설명하려고 한다. 한 예로 인간과 개는 존엄한 생명체로 공통점을 갖지만, 각각의 능력과 존재 방식에서 차이를 지닐 수밖에 없다. 사람들만 하더라도 연령, 종, 성별, 능력, 기호, 욕구, 지향성, 가치관 등이 각각 다르지 않은가. 결국 '차이'를 고려한다는 것은 '차별'과는 다른 것으로 각자의 고유한 삶의 방식과 형태에 대한 '존중'을 뜻한다.

불교학자들이 말하듯이 '우월함', '열등함'뿐만 아니라 '동등함' 역시 자만으로 여겨질 수 있는 자아의식일 수 있다. 진정한 종 사이의 평등은 무조건적인 단일한 입장이 아니라, 각자의 차이를 분별없이 인정하고 존중하는 것을 기반으로 한다. 물론 불교가 주장하는 '차등적 평등'을 현대의 삶에 적용하고 실천하기 위해서는 정교한 고려가 필요할 것이다. 대부분의 동물해방론자는 도덕성, 사랑과 자비 등 인간이 지닌 특성을 우위로 놓은 불교 사상의 근본적인 한계를 비판하기도 한다. 그럼에도 차이와 평등을 새롭게 사유하는 생명사상의 고찰은 기존의 동물 논의들의 지평을 좀 더 확장해 볼 수 있는 지점들을 암시해 준다.

🐶 동물과 인간의 교감을 다룬 이야기 🐱

다윈의 진화론과 동물학의 연구가 축적되면서 사람들은 생각하고 사랑하고 느끼는 존재로서 인간과 동물이 지니는 공통점과 연속성을 자주 생각하게 되었다. 반려동물과 사는 사람들은 다른 종과 나누는 감정이 어떤지 생생히 느낄 수 있을 것이다. 일상 속에서 접하게 되는 사례 속에도 깊은 사랑과 신뢰를 표현하는 동물들의 이야기가 있다. 실화를 바탕으로 영화화되어 화제를 모은 〈하치 이야기〉가 그 좋은 예이다.

도쿄대 교수인 우에노와 그의 반려견 하치는 식사와 산책, 목욕의 모든 일상을 늘 함께했다. 그러던 어느 날 우에노는 죽음을 맞게 되고, 우에노가 세상을 떠난 줄 모르는 하치는 평소와 다름없이 시부야역에 그를 마중 나가 기다린다. 하치의 기다림은 10여 년간 계속되었다. 결국 시부야역 근처에서 주인을 기다리다가 하치 역시 세상을 떠나는데, 일본인들은 이를 기려 시부야역에 하치의 동상을 세우게 된다.

이 스토리는 기르던 동물을 먼저 떠나보낸 사람의 슬픈 마음을 동물의 입장으로 바꾸어 상상하게 한다. 그런데 뒷이야기를 추적하면 하치가 우에노의 죽음 이후 10년 동안 오지 않는 벗을 기다리며 힘들어했다는 것은 사실이 아니라는 주장도 나온다. 하치는 그저 먹을 것을 구하러 시부야역에 나간 것인데 사람들이 간절한 이야기를 상상한 거라는 이야기다. 의사들은 오히려 〈하치 이야기〉에서 '반려인 상실 증후군'을 읽어낸다. 하치는 감정적인 우울증에 깊이 빠져 있었기에 그것을 치료받고 극복할 수 있도록 주변의 보살핌을 받았어야 한다는 것이다.

다양한 해석과 견해가 있는 하치의 실화가 우리에게 알려주는 것은, 사람이든 동물이든 누구나 사랑하는 존재를 잃으면 고통과 슬픔을 느낀다는 점이다. 그래서 의사들은 '펫로스 증후군', '반려인 상실 증후군'으로 구분 지을 필요 없이, '가족 상실 증후군(family loss syndrome)', 또는 '팸로스 증후군(fam loss syndrome)'으로 명명하자고 제안하기도 한다.

〈하치 이야기〉 외에도 인간과 동물 사이의 끈끈한 우정과 교감을 전해주는 이야기는 무수히 많다. 반려동물에게 인간이 기대하는 감정성, 도덕성, 충성심은 설화를 포함한 다양한 이야기들로 소개되고 있다. 우리나라에는 충견 설화도 많은데 경상북도 선산군 도개면 신림동의 의구총(義狗塚)과 의구비, 평안남도 용강군 귀성면 토성리와 평양 선교리의 의구총, 충청남도 부여군 홍산면 북촌리의 개탑 등은 개가 얼마나 충직하고 의리 있는 동물인지를 말해 준다. 1282년(충렬왕 8)에 전해지는 이야기 속에서 한 충견은 눈먼 아이를 데리고 다니며 밥을 얻어 먹이고 물을 먹여 키운 공을 인정받아 벼슬을 받기도 하였다. 경주에서도 자식에게 희생하며 산 어머니가 개로 환생하여 자식들을 지키고 복을 주었다는 설화가 전해진다. 이처럼 우리 설화에서도 충직함, 모성애, 사랑은 동물과 인간이 함께 공유하는 정서로 강조된다.

최근의 동물학자들은 풍부한 사례 연구와 고찰을 통해 인간과 동물이 서로 의존하고 길들여지는 관계를 탄력적으로 파악하고자 한다. 생텍쥐페리(Saint Exupery, 1900~1944)의 아름다운 소설 『어린 왕자』에서 여우가 어린 왕자에게 가르쳐준 것처럼 '길들임'은 관계 형성의 과정이기도 하다. 『어린 왕자』에서 자주 인용되는 여우의 말을 떠올려보자. "만약 네가 날 길들인다면 우리는 서로를 필요로 하게 되는 거야. 넌 나에게 이 세상에서 단 하나뿐인 존재가 되는 거고 나도 너에게 세상에서 유일한 존재가 되는 거야." 어린 왕자가 여우의 말에서 깨달았듯이 사랑과 이해의 관계는 '길들임', 그리고 기다림과 적응의 과정을 필요로 한다.

동물보호 운동가인 웨인 파셀은 『인간과 동물: 유대와 배신의 탄생』에서 인간과 동물의 관계가 다양한 상호 작용과 충돌을 보여 왔다고 말한다. 그가 말한 것처럼 현재의 지구는 야생 포유류보다 가축이 더 많은 행성이 되었다. 중국에는 미국 인구의 거의 일곱 배인 7억 마리에 이르는 돼지가 있고 인도에는 3억 마리의 소가 있다. 파셀의 비유에 따르면 중생대가 공룡의 시대였다면, 신생대는 포유류의 시대, 그리고 오늘날 우리는 가축의 시대에 살고 있다. 많은 동물들이 가축으로 변하는 과정에서 인간 역시 동물에게 적응해 왔다. 파셀은 특히 문명과 풍요 속에서 인간이 의식적이든 무의식적이든 다른 생명체를 학대하고 이용하게 되는 문제점을 지적한다. 공장식 축산 거대기업의 탄생, 동물보호소의 실태, 과학 실험을 내세운 동물 학대 등 지금 우리가 당면한 생태계의 위기는 인간과 동물이 상호의존적인 관계임을 역설적으로 보여준다.

생물인류학자인 앨리스 로버츠(Alice Roberts, 1973~)는 『세상을 바꾼 길들임의 역사』에서 더욱 급진적인 시각을 제시한다. 이 연구에 따르면 1만여 년 전 마지막 빙하기에서부터 최첨단 과학 기술을 선보이는 21세기 유전자 연구소까지, 수많은 야생동식물과 인류는 협력자, 조력자로서 살아왔다. 그 예로 인류가 개, 밀, 소, 옥수수, 감자, 닭, 쌀, 말, 사과의 생존과 변화 과정에서 어떤 역할을 했는지가 흥미롭게 파헤쳐진다. 가장 오래된 반려동물로 알려진 개는 늑대종이 인간과 협력하면서 개의 형태로 길들여져 온 것이다. 개, 닭, 소, 말은 인류와 상호 의존 관계였으며, 이외에도 인간 친화적인 동물들이 인간의 조력자로 살아남을 수 있었다.

그런데 한편으로 길들임의 역사에서 우리가 곰곰이 생각해 볼 것은 야생적인 세계, 즉 덜 길들여지거나 길들여지지 않는 세계에 대한 것이다. 인간의 입장에서는 효율적으로 진화해 왔다고 생각할지 모르지만 자연의 본능을 잃어버린 사례도 많다. 닭의 경우에는 포동포동한 고기를 얻는 목적으로, 혹은 달걀을 생산하는 쪽으로 키워져 왔다. 닭은 알을 낳기만 할 뿐, 품는 방법을 잊어버리는 방식으로 변해온 것이다. 달콤한 사과만 좋아하는 사람들 때문에 개량 품종이 이루어져서 어느 순간 야생 사과가 지닌 독특한 맛을 잃어버리는 것도 그렇다. 길들임의 역사를 생각한다는 것은 서로 의존하며 변해온 종들의 관계뿐 아니라 소수로 남는 야생적 자연과의 관계를 생각해 본다는 것이다.

☺ 미래의 동물과 인간을 상상해 보자 ☺

동물과 인간의 관계를 찬찬히 생각하다 보면 이런 생각이 든다. 지구에 살고 있는 모든 생명체들은 거대한 하나의 종에 속하는 것이 아닐까. 인간과 동물, 식물을 각각 범주화하는 방법에서 벗어나 좀 더 폭넓게 생명체를 생각해 보는 방법은 없을까. 한 예로 페미니스트 과학역사가 도나 해러웨이는 반려동물의 범주를 넘어서 '반려종(companion species)'이라는 개념을 설명한다. 반려종은 인간과 동물을 비롯해서 쌀, 꿀벌, 튤립, 장내 세균 등 모든 유기체적 존재들을 다 끌어안는 말이다. 해러웨이는 반려종이라는 폭넓은 개념 속에 인간과 동물의 관계 역시 다양한 방식으로 설명될 수 있다고 본다. 다큐멘터리 영화 〈도나 해러웨이: 지구 생존 가이드〉에서도 해러웨이는 유쾌하고 친절한 설명을 통해 인간이 우주에서 살아가는 수많은 생명체 중의 하나임을 강조한다. 영화에 등장하는 문어와 해파리, 외계인의 이미지는 지구를 넘어 우주에서 함께 살아가는 생명체의 문제를 생각하게 한다.

「반려종 선언」에서 해러웨이는 자신과 함께 사는 개 '카엔'과 뛰고 구르고 껴안는 장면을 자세하게 묘사한다. 그들은 개와 사람

● 도나 해러웨이와 그녀의 반려견 카옌

이 함께 뛰는 어질리티(agility) 경주를 하며 똑같이 장애물을 넘고 터널을 기어서 통과한다. 서로 부둥켜안고 사랑하며 접촉을 나누는 가운데 각자의 언어로 소통하려고 노력한다. 해러웨이와 카옌은 함께 살고 함께 나이를 먹고 종의 경계를 넘나든다. 개가 목덜미에 마이크로칩을 이식한 것처럼 인간도 증명사진이 박힌 신분증이나 운전면허증을 지니고 있다. 유전자가 폭넓게 섞여 있는 건 인간이나 개나 마찬가지인데 카옌은 '순종'이라 불리고 해러웨이

---

* 도나 해러웨이가 2003년 발표한 글이다. 해러웨이는 자신과 반려견 카옌을 각각의 반려종으로 부른다. 반려종 개념에 따르면 인간과 동물은 진화생물학적 세포를 나누어 갖는 친족 관계이다. 이러한 관점은 기계, 동물, 식물을 포함하여 지구에 살아가는 생명체들이 종의 경계를 새롭게 넘어 더불어 살아가는 존재임을 강조한다.

는 백인으로 불린다. 해러웨이는 반려종의 의미를 통해 동물과 인간의 관계를 새롭게 보게 한다. 우리 모두는 웃고 사랑하고 뛰고 놀면서, 서로에게 소중한 존재가 되어 살아가는 이 세계의 동반자이다.

세상을 살아가는 모든 생명체는 다양한 방식으로 인간과 공존한다. 사랑과 존중을 받으며 살아가는 반려동물들도 있지만 일부 동물들은 쉽게 학대당하고 버려진다. 일상의 삶에서 동물은 특정 대상에 대한 비난과 혐오를 빗대는 언어적 수단으로 쉽게 활용되고, 먹거리와 상품으로서 소비되다가 순식간에 살처분의 대상이 되어왔다. 동물을 대하는 인간의 다양한 태도는 몇 가지 요인으로 설명될 수 없을 정도로 복합적이고 모순적이다. 다른 종의 생명을 이해하고 그와 관계를 맺는다는 것은 내 자신의 좁고 연약한 마음을 다시 한번 돌아보는 일이다. '동물을 사랑하면 철학자가 된다'는 한 수의사의 고백처럼 다른 생명 존재와 소통하는 체험은 우리의 마음을 살찌우고 생각을 무르익게 하는 귀한 철학적 사유의 시간이 될 것이다.

🦴 나와 주변 사람들이 동물과의 관계에서 느낀 치유와 위로의 체험이 있다면 어떤 것이 있는지 구체적으로 이야기해 보자.

🦴 인간과 동물 사이에 진행된 길들임의 역사 속에는 서로 의존하며 변해온 종도 있지만 길들여지지 않는 야생의 세계도 있다. 생태계 교류와 공존을 목표로 할 때, 앞으로 우리는 야생의 동식물 생태계와 어떻게 조화를 이루며 살 수 있을지 토론해 보자.

인 식

반려 뒤에 숨은
욕망과 차별

이철주

경희대학교 한국어학과 강사

😺 '반려'라는 아름답지만 차별적인 '선' 😺

영화 〈미쓰백〉에는 반려동물을 키우는 사람이라면 조금은 불편한 마음이 드는 장면 하나가 등장한다. 추운 겨울밤, 세상으로부터 마음을 닫아 걸은 채 살아남기 위해 오직 독기 하나로만 버텨왔던 주인공 '상아'는 집 앞 동네슈퍼에서 발걸음을 멈춰서고 만다. 얇은 홑겹 옷만 입은 채 추위와 허기에 떨고 있던 '지은'과 눈이 마주쳤기 때문이다.

나이보다 왜소하고 깡마른 몸집을 가진 지은은 학대와 폭력에 길들여진 불안한 시선으로 상아를 바라본다. 제발 살려달라고, 구해달라고 온몸으로 말하고 있는 듯한 지은을 바라보면서도 상아는 쉽게 지은의 일에 개입하지 못한다. 망설임 끝에 경찰서로 찾아가 아동학대 혐의를 고발해 보지만, 그래도 사태가 해결되지 않자 지은을 데리고 지은의 부모(실제로는 아버지와 그의 내연녀)로부터 도망친다.

여기까지는 아동학대에 대한 이야기이다. 아동학대 장면이 불편한 것은 당연하지만, 이 영화가 반려동물을 키우는 사람에게 더 불편하게 느껴지는 이유는, 지은을 학대하는 폭력의 주체(지은 아버지의 내연녀, 미경)가 바로 반려동물을 사랑하고 아끼는 '반려인'이기 때문이다.

미경은 적어도 자신의 반려동물과 관련해서는 지극히 평범하고 따뜻하며 정 많은 인물이다. 집에 돌아와선 자신을 반기는 반려견을 끌어안으며 애정 어린 목소리로 사랑을 확인하고, 반려견의 건강에 조금이라도 이상이 있는 것 같으면 호들갑을 떨며 걱정에 휩싸인다. 이런 미경이지만 유독 지은에게만은 정체 모를 적의를 드러내며 욕설을 퍼붓고 끔찍한 학대를 저지른다.

잘 관리된 하얀 털을 뽐내는 미경의 반려견과 멍과 상처로 뒤덮인 지은 사이에 그어진 저 선명하고 잔인한 선은 무엇을 의미하는 것일까? 어째서 미경은 타자에 대한 극진한 사랑을, 오직 자신의 소유 관계 속에 들어와 있는 반려동물에게만 한정하여 베풀 수 있는 것일까?

물론 미경은 관객이 미워하도록 설정된 영화 속 캐릭터이다. 미경의 저 선뜻 이해하기 어려운 감정과 행동은 현실과는 무관한 영화적 설정일 수도 있다. 하지만 정말 미경이 우리와는 상관없는, 영화에나 등장하는 단순한 악역에 불과했다면 그런 불편함을 느낄 필요가 있었을까? 저토록 끔찍한 인물이 있다는 사실에 분노는 했겠지만, 그 분노를 대상에게 쏟고 실컷 욕을 함으로써 오히려 홀가분한 기분이 되었을 것이기 때문이다. 미경을 미워하면서도 마냥 그 분노의 감정에 머물 수 없었던 이유는 무엇일까? 보고 싶지 않은 우리 자신의 모습을 미경으로부터 발견했기 때문은 아닐까?

반려동물을 사랑한다는 건 세상에서 가장 멋지고 행복하고 달콤한 일 중 하나인지 모른다. 인간이 아닌 다른 존재를 가족처럼 헌신적으로 사랑할 수 있다는 건, 계산적이고 이기적인 동기 속에서 생존만을 위해 살아야 하는 우리가 할 수 있는 가장 감동적이고 아름다운 일 중 하나일 것이다.

하지만 정말 반려동물에 대한 사랑이 나와 다른 존재, 타자에 대한 사랑일까? 과연 반려동물에 대한 사랑이 식용동물인 소나 돼지, 닭에 대한 사랑으로도 이어질까? 자신의 반려동물을 위해 닭고기 간식을 준비해 주면서 지금은 고깃덩이에 불과한 이 닭이 겪어야 했을 고통에 대해 우리는 생각할까? 반려동물을 위해 한 달에 300만 원에 가까운 거금을 아무렇지 않게 들이면서도 추위와 가난, 질병에 고통받는 난민, 외국인 노동자, 노숙자, 장애인에게 세금 쓰는 일을 아까워하는 사람들을 우리는 어떻게 이해해야 할까?

반려동물에 대한 특별하고 아름답지만 동시에 지극히 차별적인 이 선에 대해 우리는 왜 질문하지 않을까? 누구는 특별하고 누구는 마땅히 내쫓겨도 된다는, 우리 안의 배타적이고 이분법적인 인식은 왜 이토록 자연스럽고 당연하게 여겨지는 것일까? 반려동물을 사랑하는 일은 반려동물을 사랑하는 우리 자신의 모습을 들여다보는 일로 이어질 수 있을까?

🐶 '반려동물'이라는 말은 가치중립적인가? 🐱

인간은 동물과 만나지 않는다. 우선 '동물'이라는 말은 너무 크고 느슨하다. 식용동물인 소와 반려동물인 고양이는 과연 같은 동물일까? 아니 반려동물로서의 고양이와 길고양이는 과연 같은 고양이이기는 할까? '동물'이라는 명칭과 인식상의 분류는 '동물'로 불리는 존재들의 객관적이고 과학적인 공통점을 근거로 삼는다지만, 실제 동물들이 삶 속에서 겪는 처우와 환경은 유사점을 찾기 어려울 정도로 다르기만 하다.

우리는 아무런 죄책감 없이 소고기를 먹고 심지어 더 맛있는 부위를 찾으며 어떻게 먹어야 고기가 품은 최고의 맛을 끌어낼 수 있는지를 고민한다. 하지만 반려동물 학대와 관련한 이슈에는 민감히 반응하며 분노한다. 사랑해야 하는 동물과 먹기 위한 동물, 인간을 위해 노동하는 동물은 정말 다 같은 동물인 걸까? 이런 인식과 정의는 도대체 누가 어떤 근거로 만들어낸 것일까? 숱한 인식과 규정들은 우리의 생각과 행동을 돕기 위해 만든 발명품이지만, 한계와 용법을 주의해서 사용하지 않으면 우리가 마주하는 타자를 있는 그대로 바라보지 못하게 하는 장애물이 되기도 한다.

이러한 인식과 규정은 어디에나 있다. 가령 '인간과 동물'이라는 말만 해도 그렇다. 이 말은 기본적으로 인간 역시 동물이라는 가장 분명한 사실을 부정한다. 인간을 동물 '바깥'에 선 존재로 규정

지음으로써 필요에 따라 동물을 얼마든지 이용하고 폐기해도 좋다는 인간중심주의적 사고방식을 당연한 것으로 받아들이게 만든다. 물론 이 말은 인간과 동물이 공생할 수 있는 새로운 조건과 문화를 모색해 보자는 긍정적인 의도로 사용될 수도 있겠지만, 그런 경우에조차 동물과 인간 사이에 그어진 명백한 선은 지워지지 않는다.

이러한 이분법적 인식의 폭력성은 생각보다 역사가 깊다. 미국의 저명한 영문학자이자 비교문학자인 에드워드 사이드(Edward Said, 1935~2003)는 그의 대표 저서 『오리엔탈리즘』에서 '서양과 동양'이라는 이분법이 무엇을 의미하는가를 다음과 같이 설명한다.

> "동양은 유럽에 단지 인접되어 있다는 것만이 아니라, 유럽의 식민지 중에서도 가장 광대하고 풍요하며 오래된 식민지였던 토지이고, 유럽의 문명과 언어의 연원이었으며, 유럽문화의 호적수였고 또 유럽인의 마음 속 가장 깊은 곳으로부터 반복되어 나타난 타인의 이미지(image of the other)이기도 했다. 나아가 동양은 유럽(곧 서양)이 스스로를 동양과 대조가 되는 이미지, 관념, 성격, 경험을 갖는 것으로 정의하는 데에 도움이 되었다. 그러나 이러한 동양은 어떤 의미에서도 단순히 상상 속의 존재에 그친 것은 아니다. 그것은 유럽의 '실질적인' 문명과 문화의 구성 부분을 형성했다."
>
> ―에드워드 사이드, 『오리엔탈리즘』 중에서

조금 까다로운 논의가 되겠지만 사이드가 말하고자 하는 바를 간략하게 추리자면 동양이란 매우 주관적인 인식의 산물이라는 것이다. 동양이라는 범주는 누가 봐도 항상 보편타당한, 누군가의 이익이나 의도와는 상관없는, 객관적이고 가치중립적*인 이름일까? 단순히 세계지도에서 차지하는 과학적 인식의 대상일까?

　서양과 동양이라는 이분법적인 분류 방식은 언뜻 합리적인 것처럼 느껴지지만, 조금만 생각해봐도 이상한 구석이 너무나도 많다. 우선 왜 '동(東)'양인가? 방향에는 절대성이란 있을 수 없다. 예를 들어 일본은 한국의 동쪽에 있지만, 한국은 일본의 서쪽에 있다. 절대적 동쪽, 절대적 서쪽은 존재할 수 없다. 기준점이 없다면 방향은 애초부터 성립될 수 없는 까닭이다. 따라서 동양이란 처음부터 서양을 중심으로 삼지 않으면 성립될 수 없는, 지극히 상대적인 명칭이라는 얘기가 된다. 그렇다면 서양 중심적이고 지극히 상대적이며 주관적인 동양이라는 명칭과 이에 대한 인식을 우리는 왜 유일하게 합리적인 것처럼, 객관적이고 가치중립적인 것처럼 받아들이게 되었을까?

　사이드는 오리엔탈리즘**을 그 답으로 제시한다. 오리엔탈리즘

---

* 어떤 특정 가치관에 치우치지 않는 중립적 태도를 일컫는다. 과학에서는 객관성을 지니기 위해 가치 판단이 개입되지 않아야 한다는 태도이다.

** 원래는 유럽 문화에 나타난 동양적 색채를 일컫는 말이었으나 에드워드 사이드에 의해 동양에 대한 서양의 지배를 정당화하는 왜곡된 인식과 태도를 일컫는 말로 쓰이게 되었다.

은 동양에 대한 지식과 이미지들의 체계이지만, 실은 서양 자신의 정체성과 더 밀접하게 연결되어 있다. 서양은 동양 없이는 스스로의 정체성을 구성하지 못하며, 동양에 대한 가치평가 없이 스스로를 가치평가하지 못한다. 동양을 원하는 대로 식민지배 할 수 있다는 서양의 우월적 지위란, 식민지배를 간절히 필요로 하는 열등한 존재로 동양을 규정 짓지 않는 한 성립될 수 없는 것이기 때문이다. 서양이 좋고 강하고 근대적이고 합리적인 존재가 되기 위해서는, 나쁘고 약하고 전근대적이고 비합리적인 존재로서의 동양이 먼저 존재해야만 하는 것이다.

철저히 서양의 입장에서 바라본 동양의 모습이며, 어디까지나 식민지 쟁탈이라는 서양의 이익과 욕망이 반영된 주관적 인식에 불과함에도 오리엔탈리즘은 지식이라는 객관적인 외양 덕에 비판 없이 수용될 수 있었고 그 결과를 우리는 너무도 잘 알고 있다. 두 차례의 세계대전과 반인륜적 학살이 바로 그것이다.

똑같은 논리를 인간과 동물의 관계로 확장해서 살펴볼 수 있을 것이다. 인간은 이성과 사유의 능력, 언어의 유무를 근거로 동물로부터 스스로를 분리해 낸다. 동물에게는 없는 능력을 인간이 지니고 있다는 이유 하나만으로 동물을 제멋대로 지배하고 사용해도 된다는 논리와 근거를 만들어낸다.

만물의 영장이라는 자랑스러운 이름이 인간 자신으로부터 온 것이 아니라, 동물의 가치를 사물의 지위로 떨어뜨림으로써 폭력적으로 획득된 것임은 새삼 강조할 필요조차 없을 것이다. 그럼에도 이러한 노골적인 '야욕'이 겉으로 잘 드러나지 않는 까닭은 오리엔탈리즘과 마찬가지로 이러한 인식들이 외견상 매우 세련되고 지적인 지식 담론의 체계로 구성되어 있기 때문이다.

서구의 근대과학적 세계관을 공유하고 있는 현대인의 경우, 원소주기율표와 같은 유일하게 객관적이고 과학적인 분류기준인 '지식'에 근거하여 인간과 동물, 식물, 사물들이 질서정연하게 나뉘어 존재한다고 믿는다. 동물은 린네분류체계*에 따라 '종-속-과-목-강-문-계'라는 세부 계통으로 배타적이고 확정적으로 구분되고, 과학적이고 합리적인 질서에 따라 미생물에서 인간에 이르기까지 모든 존재들이 계층적 차이를 지닌 채 분류된다고 생각한다. 그러나 이 세련된 설명의 체계들이 과연 가치중립성과 합리성을 지닌 유일하고 분명한 사실들일까?

독일의 실존철학자로 유명한 하이데거는 서구 근대철학의 역사를 '존재 망각의 역사'로 정의함으로써 근대과학적 인식의 자명성과 투명성을 비판한 바 있다. 그에 따르면 사물은 그저 '눈앞에 있는 것', 당연히 존재하는 것이 아니다. 인간은 사물을 언제나 '무언

---

* 18세기 생물학자 칼 폰 린네(Carl von Linne, 1707~1778)의 생물분류법에 근거한 현대 생물학의 분류체계이다. 개체 간 교배가 가능한 '종'이 기본 단위이며, 유전적으로 밀접한 관계에 있는 '종'들이 모여 '속'이 되는 식으로 생물 발생 계통이 가까운 것끼리 모여 상위의 단위로 묶인다. 과학적이고 객관적인 분류체계로 인식되곤 하지만, 생물학적으로 열등한 종과 우월한 종을 구분하는 선입견의 근거가 되기도 한다.

가를 위한 것'들의 복잡한 연관 속에서만 인식한다.

근대 자연과학적 세계관은 이 복잡한 실천적 연관들을 의도적으로 제거함으로써 하나의 인식 속에 들어 있는 구체적 맥락과 문화적 의미를 제거해 버린다. 실제로는 철저히 주관적이며 상대적인 인식에 불과함에도 어떤 상황에서든 보편성과 객관성을 지닌다고 생각하게 만드는, 추상적 인식 체계의 중요성을 강조함으로써 오히려 인간 자신에게 더 중요한 구체적 목적과 실천적 의미를 보지 못하게 만드는 것이다.

가령 식용동물인 '소'라 하더라도, 농경사회에서 '소'가 인간에게 차지하는 의미는 지금과 다를 수밖에 없다. '소'는 인간에게 노동력과 고기를 제공하는 사역동물이자 식용동물이지만 동시에 농부들과 삶의 굴곡을 같이 겪는 동반자이기도 하다. '소'의 실천적 의미는 동물이라는 자연과학적 인식과 규정으로만 한정되지 않으며, 언제나 구체적인 맥락과 문화적 조건 속에서만 결정된다.

전근대 농경사회에서 '소'의 실제 지위는 많은 경우 식용동물과 사역동물, 반려동물 사이의 중간지점에 놓여 있었다. 인도에서처럼 '소'를 종교적으로 숭상하는 문화적 토대에서라면 그 지위는 더욱더 복잡해질 수밖에 없다. 현대에 이르러 식용동물과 사역동물, 반려동물의 지위가 확고하게 구분되는 것은 이러한 가치중립적 규정들이 마치 유일하고 절대적인 기준인 것처럼 생각되기 때문이지, 이러한 구분 자체가 본질적 성격을 갖기 때문은 아니다.

　동물을 과학적이고 객관적으로 설명하고 규정하는 이러한 가치 중립적 구분선들은 애초에 이들이 고유한 생명이며, 인간과 맺고 있는 실천적 관계망 속에서 특별한 의미를 갖는 존재임을 의도적으로 부정하고 망각시킨다. 간단히 정리하자면 이런 것이다. 동물을 지배하고 싶은가? 동물을 마땅히 지배해도 좋은 이유를 인간 자신으로부터 찾을 수 없다면, 동물을 사물로 만들어라. 동물을 사물로 만드는 데 방해가 되는 것이 있다면 미련 없이 제거해라. 동물과 인간이 맺어왔던 오래된 문화적 전통이든, 아니면 동물 스스로가 울분처럼 토해내는 스스로의 동물성이든 말끔히 부정해라. 오직 동물을 사물로 바라보게 만드는 도구적 인식만을 유일하게 과학적이고 객관적이며 가치중립적이고 보편타당한 것으로 받아들이게 만들어라.

　이러한 인식을 공유하는 한, 누구도 동물에 대한 이 오랜 폭력의 역사로부터 자유로울 수 없다. 반려동물과는 마음대로 지배하고 사용하는 관계가 아니니 예외가 되지 않겠냐고? 글쎄, 과연 그럴까?

🐶 반려동물은 왜 애완동물이 아닌가? 🐱

소설가 보르헤스는 경험과 상상의 세계를 기묘하게 뒤섞음으로써 우리가 일반적으로 알고 있는 인식의 틀 자체를 직접 공략하는 것으로 유명하다. 일례로 그의 단편소설 「피에르 메나르, 『돈키호테』의 저자」에는 도무지 어떻게 설명할 수도, 쉽게 의미부여할 수도 없는 독특한 소설 하나가 등장한다. 소설 속 인물인 피에르 메나르는 서구 고전 중 하나인 『돈키호테』를 자기만의 방식으로 다시 쓰고자 하는데, 원작을 정말 글자 하나, 토씨 하나 빠뜨리지 않고 옮겨 적는다.

이 기묘한 책의 새로움은 20세기 초에 17세기 초의 작품을 그대로 다시 쓰는 "계획적인 시대착오"와 "잘못된 원저자 설정"뿐이지만 이 작은 차이가 『돈키호테』라는 텍스트 자체를 무수히 새로운 방식으로 읽게 만든다. 마치 『돈키호테』란 처음부터 피에르 메나르가 쓴 것이며 오히려 세르반테스가 나중에 그의 것을 베껴 쓴 듯한 느낌마저 주는 이 책은 텍스트란 결코 고정된 것이 아니며, 읽는 매순간 새롭게 태어난다는 것을 보여준다. 설령 글자 그대로 똑같은 내용의 텍스트라 할지라도 저자가 바뀌고, 시대가 바뀌면, 얼마든지 다른 의미를 지니고 새롭게 해석될 수 있다는 것을 작품 자체로 증명하고 있는 것이다. 물론 이러한 피에르 메나르의 책이 소설 속에서조차 환영받지 못했음은 굳이 설명하지 않아도 알 수 있을 것이다.

보르헤스는 「존 윌킨스의 분석적 언어」라는 짧은 에세이에서 "어떤 중국 백과사전"에 나오는 신기한 동물 분류법을 소개한 적이 있는데, 이 또한 새롭고 놀랍고 매혹적이다. "a) 황제에게 속하는 것, b) 향기로운 것, c) 길들여진 것, d) 식용 젖먹이 돼지, e) 인어(人魚), f) 신화에 나오는 것, g) 풀려나 싸대는 개, h) 지금의 분류에 포함된 것, i) 미친 듯이 나부대는 것, j) 수없이 많은 것, k) 아주 가느다란 낙타털 붓으로 그린 것, l) 기타, m) 방금 항아리를 깨뜨린 것, n) 멀리 파리처럼 보이는 것"이라는 동물에 대한 이 경이로운 분류 체계는 동물에 대해 우리가 갖고 있는 분류 기준이 유일하게 합리적이며 과학적이라는 오만한 환상을 단번에 무너뜨린다. 보편적·추상적 사유를 불가능하게 하는 이 매혹적인 상상력은, 동물을 익숙한 인식의 틀 안에 넣어야만 안심하고 그들을 마음껏 사용할 수 있는 우리 안의 무능과 불안을 겨냥한다.

반려동물이라는 범주는 평소에는 매끄럽게 작동하지만, 보르헤스가 던지는 질문들처럼 몇몇 예기치 못한 생각들과 만나면 우리가 인정하고 싶어 하지 않는 불편한 모습들을 드러내며 안정성을 잃고 흔들린다. 반려동물과 함께 사는 일은 정말로 동물과 인간에 대한 공감과 연민을 배우게 할 수 있을까? 반려동물은 정말로 '동물'일까? 우리는 반려동물을 키우면서 정말 동물과 함께 살고 있다고 생각할까? 동물을 사랑한다면서 다른 동물의 고기를 반려동물의 먹이로 아무런 거리낌 없이 주는 행동을 어떻게 이해해야 할까? 반려동물에 대한 사랑이 다른 동물이나 사회적 타자들에게로 확장되지 않는 이유는 무엇일까? 애완동물과 반려동물은 정말로 다른 것일까? 당신의 반려동물은 정말로 '반려'동물인가? 아니면 여전히 애완동물인가?

반려동물에 대한 헌신적 사랑의 이미지에 굳이 흠집을 내려는 것은 아니지만, 반려동물과의 관계가 특별할수록 그 특별함에 던져지는 의문들과 정면으로 마주할 필요가 있다고 생각한다. 많은 질문들이 가능하겠지만, 우선 반려동물과 애완동물 사이의 경계가 불러일으키는 불편함부터 살펴보기로 하자.

물론 지금의 윤리적 기준에서 애완동물이라는 용어를 긍정해야 할 까닭은 어디에도 없을 것이다. 애완동물이라는 용어는 동물의 동물성을 부정하고 살아 있는 생명을 장난감과 같은 유희의 대상으로 삼는다. 애완동물이라는 용어는 확실히 폭력적이고 문제가 많은 용어이다. 하지만 '당신의 반려동물은 정말로 애완동물이 아닌가?'라는 질문에 불편함을 느꼈다면 적어도 그 때문은 아닐 것이다.

반려동물이라는 명칭은 여전히 동물성을 부정해야만 인간의 품에서 살아남을 수 있는 이들의 태생적 조건과 운명을 매끄러운 베일로 가려버린다. 애완동물이라는 말은 부정해야 마땅한 용어임에 틀림없지만, 역설적으로 반려동물과 인간이 맺고 있는 관계의 본질적 조건을 적나라하게 드러낸다.

반려동물에게는 이름이 부여되고, 사람과 같은 지위와 자격이 가족의 구성원으로서 주어진다. 이 유사가족관계는 이름붙임이라는 구체적 관계 맺기를 통해 동물에게 '인간'의 모습을 충분히 부여한 이후에야 이루어진다. 많은 반려동물들이 사랑을 듬뿍 받으며 행복하게 살고 있다고 믿고 싶지만, 인간과 성공적으로 관계를 맺지 못한 많은 동물들이 여전히 숱하게 버려진다.

주인의 지위를 과시하는 데 이용되거나 한때의 호기심으로 소비되고, 늙거나 병들어서 쓸모가 없어지면 가혹하게 길거리로 내쫓긴다. 오직 인간에게 사랑받기 위해 태어나고 관리되며, 그 목적에서 어긋나면 곧바로 폐기된다. 반려동물 산업은 애정의 대상과 그 폐기물을 모두 처리한다. 우리가 대면하기를 꺼려하지만 반려동물이라는 말 안에는 이런 현실적인 문제가 놓여 있다. 단순히 애완동물을 반려동물이라고 바꿔 부른다고 해서 해결될 수 있는 문제가 아니다.

이는 많은 면에서 '장애인'과 '장애우'라는 표현 사이에서 대중이 고민했던 지난 일을 떠올리게 한다. 장애인을 장애인으로 부르는 것이 모멸의 뜻이 된다하여 장애우로 불러야 한다던 주장이 지금은 뒤집어졌다. 장애우라는 표현이 역으로 장애인이라는 사실을 부끄럽게 여기게 만들기 때문이라는 것인데, 장애인이라는 조건 자체를 회피하지 않고 정면으로 들여다보게 만든다는 점에서 오히려 더 좋은 조처라고 생각된다.

　반려동물에 대해서도 같은 생각이다. 반려동물이라는 말은 '반려'라는 추상적이고 아름다운 말로 반려동물 산업이 작동하는 현대 사회의 구체적인 면면들을 축소하고 감춘다. 반려동물이 유희와 희롱의 대상이 되는 것은 응당 막아야겠지만, 애완동물이라는 명칭을 반려동물로 고쳐 부른다고 해서 이들이 처한 현실이 개선되지는 않는다. 여전히 많은 반려동물들이 애완동물로 살아가며 애완동물의 운명에서 벗어나지 못한 채 언제든 내쳐질 수 있는 삶을 살아간다. 이 불변의 조건을 계속 응시하는 자세야말로 애완동물을 반려동물로 변화시키는 새로운 전환점이 되지 않을까?

🐶 반려동물에 대한 사랑과 자기애적 욕망 🐱

　우리는 반려동물이 외로움을 채워주기를 바라고, 자신이 생각하는 모습 그대로 있어주기를 바란다. 반려동물에 대한 사랑은 인형에 대한 사랑과 많이 닮아있다. 우리는 인형처럼 반려동물도 영원히 자라지 않고, 주인을 엄마나 아빠로서 사랑하며, 언제까지나 주인을 기다려주기를 간절히 소망한다. 대부분의 반려인, 반려가족들은 이러한 의인화 속에서 반려동물과의 삶을 이어간다.

　반려동물을 기르는 사람들 중 누구도 이 의인화에 의한 위로의 기능을 부정하지 않는다. 하지만 위로를 받기 위해 반려동물을 이용하고 있다고 누군가 지적한다면 불편한 내색을 보이며 반발할 것이다. 우리는 서로를 아끼고 사랑하는 가족이며, 결코 조건적이거나 계산적인 관계가 아니라고 말이다. '가족'이라는 개념은 반려동물을 다른 동물과 구분 짓는 가장 결정적인 기준이 된다. 하지만 반려동물은 마냥 사랑스럽기만 한 움직이는 인형이 아니다. 사랑스러운 반려동물들이 가끔씩 내보이는 낯설고 당혹스러운 면들까지도 우리는 사랑할 준비가 된 것일까?

아무리 잘 길들여진 반려동물이라 하더라도 이들은 인간과 함께 사는 법을 배운 '동물'이다. 아무리 동물성을 잘 통제해도 이들이 지닌 타고난 본성은 사라지지 않는다. 물론 아주 드물게 일어나는 일이라 하더라도, 반려동물이 이상적인 집의 인테리어나 구성품처럼 있기를 멈추고 어느 순간 고유한 본성과 생각을 지닌 존재임을 드러낼 때, 평화롭게 유지되던 가족의 이미지는 한순간에 위태로워지고 만다.

이웃을 물어 크게 다치게 하거나 아이에게 치명적인 상처를 입혔을 때, 인간의 통제에서 벗어나 동물로서의 본성을 드러낼 때에야 우리는 우리와 함께 살고 있는 존재가 살아 움직이는 동물 인형이 아니라 느닷없이 낯설어진 '동물' 자체임을 알게 된다. 꼭 이런 극단적인 경우를 가정하지 않는다 하더라도 반려동물과 인간이 맺는 관계는 이미 자연적인 것이 아니다. 반려동물의 가족화

현상 속에서 우리가 기억해야 할 것은, 동물에 대한 지극한 사랑의 태도 안에 감추어진 인간의 모습과 인간에게 길들여져만 살아남을 수 있는 반려동물의 삶이다.

반려동물을 사랑한다는 말 속에 깔려 있는 불순한 의도를 지적하며 반려동물을 일체 키우지 말자고 주장하는 것이 아니다. 모든 타자를 사랑하고 헌신하는 것이 불가능하다면 단 하나의 생명이라도 거두어 아끼는 것이 더 나을 수 있다. 다만 문제 삼고자 하는 것은 반려동물에 대한 사랑과 헌신이 다른 타자에 대한 냉담과 혐오의 알리바이가 될 수는 없으며, 자신의 행위에 대한 성찰을 회피하는 빌미가 될 수는 없다는 점이다.

〈미쓰백〉에는 미경을 비추는 두 종류의 거울이 등장한다. 먼저 예쁘고 잘 관리된 모습으로 아무런 의심도 없이 미경을 따르며 좋아해 주는 반려견의 눈이 있다. 미경에게 반려견의 눈은 이상화된 자기이미지를 보고 싶은 대로 되비춰주는 자기애(自己愛, narcissism)*의 거울이다. 그리고 또 하나, 미경의 민낯을 적나라하게 비춰주는 사물로서의 '거울'이 있다. 미경이 감추려 하는 치부들조차 투명하게 들여다보는 것만 같은 정체불명의 시선이 거울

---

* 그리스의 나르키소스 신화로부터 유래된 개념으로 정신분석학을 창시한 프로이트에 의해 자기 자신을 애착의 대상으로 삼는 경향을 지칭하게 되었다. 자아의 발달 단계에서 나타나는 일반적인 현상이지만 자아의 이상적인 모습만을 수용하고 그렇지 않은 모습은 받아들이려 하지 않을 때 심한 실망감, 우울, 분노로 인하여 병리적 자기애로 이어지기도 한다.

에는 존재한다. 이를 견디지 못하는 미경은 스스로가 감당해야 할 불안과 공포를 작고 약해서 저항조차 못하는 지은에게 투사한다. "뭘 보니? 뭘 보냐고. 왜, 내가 우스워?" 타자에 대한 이 끔찍한 혐오감과 공격성은 자기 존재를 있는 그대로 들여다보기를 두려워하는 미경의 나약함과 타인의 고통을 느끼지 못하는 공감의 무능력이 만들어낸 극단적인 결과에 불과하다. 미경은 이상화된 자기이미지와 이를 위협하는 타자의 시선을 안전하게 분리해 내고 있다고 착각하지만, 폭력으로만 유지되는 이 공생이 제대로 유지될 수 있을 리 만무하다.

　더욱이 중요한 것은 '지은'의 자리에 누구든, 무엇이든 놓일 수 있다는 사실이다. 이상적인 자기 모습을 위협하는 존재로 인식되는 순간 '반려동물'이든 '애완동물'이든 지은과 같은 폭력에 노출될 수 있기 때문이다. 반려동물에 대한 사랑이 정말 있는 그대로의 상대에 대한 사랑일까? 이상화된 자기이미지를 지키기 위해 '구매'한 살아 움직이는 예쁘고 사랑스러운 거울에 대한 감정은 아닐까? 이 질문을 경유한 사랑과 그렇지 않은 사랑 사이에는 많은 차이가 있다고 믿는다. 우선 이 불편한 질문들로부터 달아나지 않아야 한다. 사랑은 그 이후의 문제이다.

😊 '반려'동물을 '사랑'한다는 것 😺

　왜 반려동물에 대한 사랑은 다른 동물에 대한 사랑으로 이어지지 않으며, 다른 인간에 대한 사랑으로 확장되지 않는가? 이 글에서는 이 질문에 초점을 두고 반려동물과 관련한 인식론적인 문제들을 살펴보고자 했다.

　인간은 가치중립적이고 객관적으로 세계를 인식하지 않으며, 이미 만들어진 조건과 분류 틀에 근거해 선택하고 판단한다. 동물이라는 추상화된 범주로 동일하게 묶이지만, 반려동물과 식용동물, 사역동물과 실험동물은 결코 동등하지도 평등하지도 않다. 문화적 범주에 의해 분류된 이러한 조건 틀들은 인간의 깊은 판단에 앞서 대상을 규정하고 결정짓는다. 즉 '반려동물'이라는 관계의 이름이 우리보다 먼저 동물들을 가치평가하고 규정 짓고 판단하고 관계 맺는 것이다.

　'반려'라는 이름은 아름답고 숭고하지만, 이 관계가 서 있는 자리를 주의 깊게 들여다보지 않을 경우 종종 배타적이고 차별적인 애정을 옹호하는 말로 쉽게 환원되고 만다. 반려동물들이 고유한 욕망과 본성을 지닌 존재임을 부정하고 그들로부터 한결같이 의인화된 사랑스러운 모습만을 기대한다면, 이들은 본질적으로 애완동물일 수밖에 없다.

　애완동물은 우리가 갈망하는 특정한 정서적 만족감을 제공해

주기에 다른 동물들과 구별되는 특별한 대우를 받는다. 바로 이 같은 이유로 반려동물이 우리에게 한없이 소중한 존재로 받아들여지는 것이라면, 이러한 '반려'는 타자들과의 관계로 확장될 수 없다. 여기에는 오직 인간과 인간의 욕망이 투영된 이미지만이 관계하고 있기 때문이다. 반려는 근본적으로 내가 아닌 타자와 함께하는 것이다. 타자가 끼어들 틈조차 없는 관계에 '반려'라는 단어는 어울리지 않는다.

여전히 많은 사람들이 반려동물을 키우고 싶어 한다. 반려동물과 함께하려는 마음이야 더없이 소중하지만 한편으론 걱정이 앞선다. 반려동물에 대한 낭만적 환상과 기대가 너무 큰 나머지 정작 이들이 처해 있는 현실과 조건을 냉정하게 들여다볼 마음의 여유를 잃고 있는 것은 아닐까? 물론 실제 반려동물과 함께하는 일은 이러한 환상과 예상을 언제나 넘어선다. 반려동물이 지닌 타자성과 동물성을 경험하게 되고, 하나의 생명을 책임진다는 일의 무게도 배우게 된다.

하지만 이 점만큼은 짚고 넘어가야 한다. 반려동물에게 기대했던 이상적 이미지가 아닌 생경하고 당혹스러운 낯선 모습들까지도 사랑하고 수용하고 책임질 수 있는가? 반려동물을 대하는 마음으로 눈앞에서 마주하는 또 다른 타자들을 대할 수 있는가? 이런 질문들에 대해 정직하고 솔직하게 나름의 답을 찾아 나가는 일을 회피하지 않을 때, 우리는 비로소 '반려동물'이라는 인식과 생각을 제대로 사유하는 법을 배우게 될 것이다.

반려동물과 함께한다는 것은 이상화된 자기에 대한 매혹으로부터 출발하지만 결코 자기 마음대로 되지 않는 낯선 타자성까지 경험하게 만든다는 점에서, 사랑을 할 때 우리가 겪는 보편적인 마음의 궤적을 공유한다. '반려'라는 말은 '반려동물'이라는 인식틀 속에 '이미 주어진 관계'의 이름이 아니라, 타자성을 충분히 함께 겪으며 성찰한 이후에야 비로소 붙일 수 있는 '몸소 살아낸 관계'의 이름이 되어야 한다. 그렇지 않다면 반려동물이 애완동물과 다를 것이 무엇이 있겠는가. 반려동물에 대한 '사랑'은 그 이후에야 감히 말할 수 있을 것이다.

탐구활동 9 ···

🦴 내가 키우는 반려동물처럼 다른 동물들도 사랑할 수 있을까? 만약 그럴 수 없다면, 반려동물이 아닌 다른 동물들이 사랑과 보호의 대상이 되지 못하는 이유는 무엇인지 토론해 보자.

🦴 반려동물을 키우고 있다면, 자신이 반려동물을 사랑하는 이유를 생각해 보자. 반려동물이 가족 같은 존재이기 때문인지, 문화적 학습의 결과인지, 고유하고 특별한 교감의 경험 때문인지, 또는 반려동물과 함께하는 자신의 모습을 사랑하기 때문인지 살펴보고 반려동물에 대한 이미지와 판단이 어떻게 형성된 것인지 함께 이야기해 보자.

동물과 마주하는
윤리적 물음들

백지윤
경희대학교 후마니타스칼리지 강사

🐶 동물과의 공존은 어떻게 가능할까? 🐱

　오늘날 우리나라의 반려인구는 1500만에 이른다. 집에서 동물을 키우지 않더라도 등굣길이나 출근길에서 혹은 산책하는 공원에서 우리는 어렵지 않게 이웃의 반려동물을 만난다. 늦은 밤 집으로 돌아가는 어두운 골목에서 반짝이는 두 개의 눈동자와 마주치기도 한다. 텔레비전에서는 연일 귀여운 동물들의 모습을 보여주고, 마트에서는 토끼와 햄스터를 아주 저렴한 가격에 팔고 있다. 우리에게 동물을 마주하는 일은 이제 일상이 되었다. 이렇듯 일상적인 일이 되어 버린 동물과의 만남을 조금 특별하게 그려낸 시 한 편을 읽어보자.

　　길 잃은 아기 고양이는
　　기타 속에 들어가 몸을 눕혔다

　　끊어진 바람을 묶어 새벽이
　　다시 골목을 조율하기 시작했다

　　현악기 속의 관악기가 야아옹
　　울음 밖의 음악이 야아옹

울림통이 깨진 기타와

눈만 살아서 두려운 고양이가 만나

서로의 악보 속 사라진 음표를

다시 그려 넣는 것인데,

늘어진 탯줄과 기타 줄을 엮어

이어가는 연주를 듣다가

음계를 잃어버린 골목의 계단도

조금씩 술렁이기 시작했다

—길상호, 「기타 고양이」 전문

어미를 잃고 길을 헤매던 아기 고양이는 늦은 밤 추위를 피해 부서진 채 버려진 기타 속으로 들어간다. 기타가 바람을 피할 수 있게 해주었지만 아기 고양이는 어미의 젖을 물지 못해 쉬이 잠을 이룰 수 없었으므로 이내 어미를 부르며 운다. 아기 고양이의 울음소리는 기타의 울림통을 넘어 골목으로 퍼져나간다. 쓸모를 다해 주인에게 버려진 기타와 인간의 도움 없이는 살아갈 수 없는 길고양이의 슬픈 현실이 묘하게 닮아있다. 인간의 삶 가장자리로 밀려난 두 존재는 서로를 위로하고, 그 위로는 화음이 되어 사람들에게 가 닿는다. 아마도 누군가가 그 소리를 듣고 있었을 것이다. 새벽까지 잠 못 이룬 누군가이거나 고양이 울음소리를 듣고 깬 누군가. 어쩌면 그는 아기 고양이의 울음을 외면할 수 없어서 그날 밤 '냥줍'을 했을지도 모를 일이다.

　인간은 오랜 시간 동안 동물들과 공존해 왔다. 하지만 도시화가 가속화된 오늘날 우리가 마주하게 되는 동물은 이전과는 조금 다르게 느껴진다. 자연이 아닌 도시에서 우리와 삶의 공간을 공유하며 살아가는 반려동물들은 다시 자연으로 돌아갈 수 없는 삶, 온전히 사람에게 의존하는 삶을 살아야 하기 때문이다. 그러니 동물은 인간에게 책임을 묻고 윤리적 태도를 요청하는 존재로 이해될 필요가 있다. 시인이 시 속에서 그러한 요청에 대한 응답을 인간 삶의 공간인 골목의 술렁임으로 포착한 것은 아닐까? 그렇다면 동물의 요청에 응답하는 우리의 윤리는 어떤 방식이어야 할까?

　윤리의 사전적 정의는 '사람으로서 마땅히 행하거나 지켜야 할 도리'다. 특히 윤리는 사람 사이, 즉 인간관계에서 지켜져야 할 규칙이나 규범을 이른다. 인간 개개인은 각자 다른 가치 기준과 욕망을 가지고 있기 때문에 윤리가 없다면 더불어 살아가기 힘들다. 하지만 인간은 홀로 세상에 태어났기 때문에 나 자신을 제외한 다른 모든 이들은 '이해할 수 없는' 타자일 수밖에 없다. 결국 더불어 살아간다는 것은 이해할 수 없는 타자를 이해하는 데에서부터 출발한다.

그렇다면 동물과의 공존을 위한 윤리를 상상하는 것은 어떻게 가능할까? 동물을 또 다른 타자라고 생각해 보자. 동물이라는 타자가 인간관계를 위한 규범으로서 윤리가 아닌 그 바깥에서 인간에게 윤리를 요청하고 있다고 말이다. 타자를 이해하는 방식으로 동물을 이해해 보려는 노력이 동물과 공존하는 인간의 윤리를 상상할 수 있도록 길잡이가 되어주지 않을까?

이제 우리와 삶의 공간을 공유하며 함께 밥 먹고, 잠자고, 산책하는 반려동물들을 위한 윤리를 적극적으로 사유해야 할 시점에 이르렀다. 나아가서 식탁에 음식으로 오른 닭과 소와 돼지를 위해, 추운 겨울 꺼내 입은 패딩 속 깃털의 본래 주인인 오리와 거위를 위해, 인간의 질병을 치료하기 위해 개발된 신약을 먼저 체험하는 쥐와 토끼를 위해, 인간의 즐거움을 위해 동물원에서 살아가는 동물들을 위해, 인간이 아닌 모든 동물을 위해, 우리는 윤리학을 인간중심의 사고에서 벗어난 타자 윤리학으로 다시 써야 하는 것은 아닐까?

☺ 인간은 동물을 어떻게 이해해 왔을까? ☺

어떤 대상을 윤리적으로 고려하기 위해서는 먼저 그 대상의 도덕적 지위를 가늠해 보아야 한다. 그렇다면 도덕적 지위란 무엇이며 도덕적 지위를 가진다는 것은 무엇을 뜻할까? 도덕적 지위를 가진다는 말은 도덕적으로 의미 있는 고려의 대상이 된다는 뜻이다. 가령 과거에 노예제가 가능했던 이유는 노예에게 도덕적 지위가 없다고 인식했기 때문이다. 평등의 개념이 확장되면서 노예제에 대한 반성적 성찰이 가능해졌으며 노예 해방이 이루어졌다. 또한 오늘날 우리가 인종차별이나 성차별에 반대하는 것 역시 인간 모두가 동일한 도덕적 지위를 가진다는 평등사상에 근거한 것이다. 그렇다면 동물도 인간과 다르지 않은 도덕적 지위를 갖고 있을까? 동물의 도덕적 지위에 대한 철학적 인식의 두 관점을 살펴보자.

"나는 생각한다. 고로 나는 존재한다"라는 명제로 유명한 17세기 철학자 르네 데카르트는 동물과 구별되는 인간의 기본적 특성을 이성과 언어에서 찾는다.

"인간이라면 아무리 둔하고 어리석은 자라도, 심지어는 미친 자라도 여러 가지 말을 모아서 배열하여 하나의 이야기를 만들어 자기 생각을 남에게 전할 수 있지만, 반대로 다른 동물은 아무리 완전하고 좋은 소질을 타고나더라도 이와 같은 일을 할 수는 없다. 이것은 매우 주목할 만한 일이다. 이것은 동물에 어떤 기관이 결여되어 있기 때문에 일어나는 일은 아니다. (……) 이것은 동물이 인간보다 적은 이성을 갖는다는 것을 나타낼 뿐만 아니라, 동물이 이성을 전혀 갖지 않는다는 것을 나타내고 있다. 왜냐하면 말을 할 수 있기 위해서는 약간의 이성밖에 필요치 않다는 것은 분명하기 때문이다."

—르네 데카르트, 「방법서설」 중에서

동물은 인간과 비슷한 신체 기관을 가지고 있는 생명체지만 인간과 같이 언어를 구사할 줄 모른다. 데카르트는 동물에게 언어 능력이 없는 이유를 이성을 가지지 않았기 때문으로 보았다. 이성이 없기 때문에 동물은 '자동인형' 또는 '움직이는 기계'일 뿐이라는 것이 그의 주장이다. 따라서 동물에 대한 그의 인식은 동물이 영혼도 정신도 가지고 있지 않다는 데에 이른다. 데카르트는 또한 동물을 시계에 비유하는데 그의 말처럼 동물이 시계와 같은 기계에 지나지 않는다면 동물은 즐거움이나 고통을 경험할 수 없는 존재일 것이다. 실제로 데카르트는 살아 있는 개를 의식이 있는 상태에서 해부했고 개가 내는 비명을 고통에 대한 반응이 아닌 기계가 만들어내는 소음과 같은 것으로 해석했다고 한다.

데카르트가 동물을 기계와 같은 것으로 생각했다고 해서 인간이 모든 동물을 마음대로 다룰 수 있다고 주장한 것은 아니다. 만약 동물에게 주인이 있다면 다른 사람의 소유물을 함부로 다룰 수는 없기 때문이다. 이런 관점에서 보면 동물의 도덕적 지위는 소유자인 인간의 지위를 통해 간접적으로 보장받을 수 있게 된다. 이는 데카르트가 동물의 도덕적 지위를 소극적으로 이해했음을 보여준다.

데카르트가 보여주었듯이 근대 서양의 인간중심적 사고방식은 자연과 비인간 동물을 인간으로부터 체계적으로 배제시켰다는 점에서 문제적이다. 자연과 동물의 가치를 실용적·도구적인 데에서만 찾을 뿐 내재적이며 본래적인 가치는 없다는 신념이 형성된 것이다. 오늘날 많은 동물보호론자들은 동물실험과 같이 동물에게 가혹한 고통을 주는 행위들에 대한 정당화가 데카르트의 동물에 대한 인식에 근거를 두고 있다고 비판하기도 한다. 또한 인간의 물질적 풍요와 번영, 욕구와 건강을 최우선의 가치로 삼은 인간중심주의적 자연관으로 인해 인간의 무절제와 대량 소비가 부추겨진 것도 사실이다.

18세기 이후 인간중심적 자연관은 전환을 맞이하였으며 20세기 이후에는 동물의 도덕적 지위를 적극적으로 인정해야 한다는 주장이 등장한다. 동물이 지닌 권리를 가장 급진적으로 해석한 것으로 평가받는 톰 리건은 동물이 인간과 같이 생명으로서 자연적인 권리를 지닌다고 주장한다. 즉 동물도 인간처럼 '목적 그 자체로 존재한다'는 것이다.

"어떤 개체가 믿음과 욕망을 갖는다면, 지각과 기억과 자기 자신의 미래가 포함된 미래감을 갖는다면, 쾌락과 고통의 느낌이 있는 감정적 삶을 산다면, 선호와 복지와 관련된 이익을 갖는다면, 자신의 욕구와 목적을 달성하기 위해 행동을 시작할 능력이 있다면, 자신이 경험하는 삶이 다른 존재의 유용성과는 논리적으로 독립해서, 또 다른 존재의 이익과는 논리적으로 독립해서, 잘 살거나 못 산다는 의미에서 개별적 복지를 갖는다면, 그 개체는 삶의 주체다."

—톰 리건, 『동물권 옹호론(*The Case for Animal Rights*)』 중에서

리건은 자신의 책 『동물권 옹호론』에서 동물도 사람과 동일한 '삶의 주체(subjects of a life)'임을 강조한다. 삶의 주체로서 세상을 경험할 수 있는 존재들은 '본래적 가치(inherent value)'라는 특별한 권리를 지닌다는 것이다. 반려동물을 키우는 반려인이라면 리건이 말한 삶의 주체로서 동물을 어렵지 않게 이해할 것이다. '간식'이나 '산책'이라는 단어 하나만으로도 세상을 다 가진 듯한 표정을 보여주는 멍냥이가 어찌 삶의 주체가 아니라고 생각할 수 있겠는가.

리건은 데카르트와 다르게 인간과 동물의 차이가 아니라 동일성에 초점을 맞춘다. 인간과 동물의 차이를 차별의 근거로 삼는 대신에 공유의 지점들을 발견해 평등의 근거로 삼은 것이다. 오늘날 리건과 같이 동물의 권리를 인정하는 주장들로 인해 데카르트가 보여준 동물에 대한 인간중심적 인식을 벗어나 동물의 도덕적 지위를 찾아주고 그들을 윤리적으로 고려하는 일이 가능해졌다.

🐶 동물을 대신해 말한다는 것 🐱

어린 시절 잠이 오지 않는 밤이면 할머니를 졸라 옛날이야기를 청해 듣곤 했다. 그중 처녀귀신 전설은 대강 이런 내용이다. 어떤 고을에 새로 원님이 부임해 가기만 하면 그날 밤 원님은 죽은 채 발견된다. 아무도 원님이 되려고 하지 않던 차에 지원자가 나선다. 새로 부임한 원님은 밤이 되자 마치 누군가를 기다린다는 듯이 불을 밝게 켜고 책을 읽는다. 자정이 되자 바람이 불어와 촛불은 꺼지고 온몸이 피투성이인 처녀귀신이 등장한다. 지금껏 부임했던 원님들은 귀신을 보자마자 심장마비로 죽어버렸다. 하지만 새 원님은 의연한 태도로 처녀귀신의 억울한 사정을 듣고 원한을 풀어준다. 새 원님이 아니었다면 처녀귀신의 억울한 죽음은 밝혀지지 않았을 것이다. 왜냐하면 죽은 자는 스스로를 대변할 수 없기 때문이다.

처녀귀신 이야기는 현실이 아닌 전설에 불과하지만, 오늘날 우리 사회에는 실제로 말할 수 없는 존재들이 많이 있다. 특히 사회의 취약계층인 약자나 소수자, 새롭게 사회에 편입된 이주민들은 부당한 대우를 받거나 어려운 상황에 처할 때 자신의 목소리를 낼 방법을 갖지 못한다. 결국 누군가가 나서서 이들을 도와 대변해주지 않는다면 문제가 해결되기는 어렵다. 동물로 상황을 옮겨보면 그러한 상황은 더 심각하다. 동물은 인간의 언어로 의사소통할 수 없으며, 인간처럼 연대할 수도 없다.

제국주의에 반대하고 식민주의로부터 벗어나는 일을 학문적으로 모색한 이론가로 가야트리 스피박(Gayatri Chakraorty Spivak, 1942~)이라는 학자가 있다. 그녀는 「서발턴은 말할 수 있는가?」라는 글에서 '말할 수 없는 자'의 문제를 다룬다. 이 글은 제국주의가 막을 내린 이후에도 여전히 남아 있는 제국주의와 식민주의의 지배 이념을 연구해 그 실체를 드러내는 데 목적을 두고 쓰였다. 이 글에서 스피박은 특히 제3세계* 여성의 문제에 주목하여 서발턴(subaltern)**이 어떻게 침묵당해 왔는지를 분석한다. 특히 그녀의 문제의식은 인도 여성의 삶에 대한 비판적 성찰에서 뚜렷하게 드러난다.

> "힌두 과부는 죽은 남편을 화장한 장작더미에 올라가서 자신을 불태운다. 이것이 바로 과부 희생이다. 이 제의는 보편적으로 수행된 것도, 특정 카스트나 계급에 한정된 것도 아니었다. 영국인들에 의

---

* 2차 세계대전 이후 냉전시대에 미국과 소련 어느 쪽에도 가담하지 않은 국가들을 통틀어 이르는 말이다. 미국을 중심으로 한 서구 선진국이 제1세계, 소련을 중심으로 한 동구 공산권이 제2세계에 속하며 아시아, 아프리카, 라틴아메리카 등 개발도상국이 제3세계에 속한다.

** 일반적으로 영국군의 하급 장교를 이르는 말이다. 탈식민주의 연구에서는 여성, 농민, 노동자, 피식민지인 등 권력의 중심에서 배제되어 억압당하는 하층계급을 일컫는 말로 쓰인다.

한 이 제의의 폐지는 일반적으로 '황인종 남자에게 황인종 여자를 구해 준 백인종 남자'의 한 사례로 여겨져 왔다. 19세기 영국 선교 기록에 나오는 여성들에서 메리 데일리에 이르기까지 백인종 여자들은 이와 달리 대안적 이해를 생산해 내지 못했다. 이 문장에 맞서는 진술로는 "여자들이 죽고 싶어 했다"라는, 상실된 기원을 향한 향수를 패러디하는 인도 토착주의 논의가 있다."

— 가야트리 스피박, 「서발턴은 말할 수 있는가」 중에서

인도의 힌두교에서는 남편을 잃은 아내가 자신의 몸을 불에 던져 자살하는 관습인 '사티(suttee)'를 2000년 이상 지속해 왔다. 영국이 인도를 식민지배 하던 19세기에 인도에서 활동하던 선교사들을 비롯한 영국 지식인들은 사티를 금지할 것을 영국의 식민정부에 요청하였고, 사티는 공식적으로 금지되었다. 서구에서 이 사례는 가부장제로 고통 받는 인도 여성들을 서구 남성이 해방하고 구원한 것으로 이해되어 식민주의를 정당화하는 역할을 했다. 한편 사티 금지에 대한 반발로써 인도 사회 내부는 사티가 여성들이 스스로 선택한 죽음이라고 항변하였다. 이러한 두 방식의 설명은 20세기 중반 이후 제국주의와 식민주의를 비판하는 지식인들에 의해 반복되어 왔다. 스피박은 사티와 사티 폐지를 둘러싼 두 방식의 이해를 비롯해 이후에 이루어진 많은 비판적 논의들을 문제 삼는다. 그러한 논의들에 사티를 강제당하거나 선택을

강요받는 현실에 놓였던 인도 여성의 목소리가 배제되어 있다는 것이다.

그렇다면 그들의 목소리는 어떻게 들을 수 있을 것인가? 스피박은 그들이 말을 하기 위해서는 누군가가 끊임없이 질문하는 행위가 있어야 한다고 주장한다. 또한 그들이 놓인 역사적이고 정치적인 상황과 사회문화적 맥락의 실상을 찾아내자고 요청한다. 스피박이 던진 질문 '서발턴은 말할 수 있는가'의 목적은 말할 수 '있다/없다'의 대답을 찾는 데 있는 것이 아니다. 그 질문의 목적은 '어떻게 들을 것인가'라는 윤리적 태도를 요구하는 데 있다.

동물을 서발턴이라고 말하기는 어렵다. 다만 동물이 스스로의 목소리를 낼 수 없으며 인간과 피지배-지배 관계를 맺고 있다는 점에서, 스피박의 서발턴 논의는 동물을 대신해 말한다는 것의 문제에 대한 시사점을 제공한다. 동물을 대신해 말하기 위해서 할 일은 무엇일까? 끊임없이 동물에게 말을 거는 방식은 어떤 것일까?

우선 동물이 인간에게는 이해할 수 없는 타자임을 상기하자. 동물을 이해하기 위해서 우리는 동물들이 놓인 상황의 구체성을 파악해야만 한다. 우리는 동물을 사랑한다고 말하지만, 오늘날 동물들의 존재 방식과 관련한 구체적 상황들에 무관심하거나 듣기를 거부하는 경향이 있다. 그들의 구체적 삶의 모습이 우리의 마음을 불편하게 만들기 때문이다. 우리의 마음에서 일어나는 불편함을 극복할 용기를 가질 때 동물이라는 서발턴을 향한 인간의 윤리가 가능해지지 않을까?

🐶 '반려'의 의미, 동물을 돌본다는 것 🐱

'반려동물'에서 '반려'는 배우자나 동반자를 지칭하는 '반려자'의 그것과는 다른 의미를 가지고 있다. 반려자는 서로를 돌보고 정서적으로 교류하면서도 각자가 독립된 주체이지만, 반려인과 반려동물의 관계는 반려인이 돌봄을 제공하고 반려동물이 돌봄을 받는 일방적인 관계이기 때문이다.

반려인과 반려동물이 정서적으로 교류하고 서로를 가족처럼 여긴다고 해도 반려동물의 의존성과 취약성은 사라지지 않는다. 동물과 맺는 관계의 지향점을 보여주는 '반려'라는 호칭과는 무관하게 인간과 동물은 보호자와 피보호자, 주인과 소유물의 관계를 맺고 있는 것이 사실이다. 반려인이 여러 가지 이유로 인해 어느 날 더 이상 자신의 반려동물을 돌보지 않기로 결정한다면, 반려동물이 할 수 있는 일은 반려인으로부터 버려지는 일 외에는 없다.

그렇다면 반려동물에게 반려인이 제공해야 하는 돌봄이란 구체적으로 어떤 것일까? 일반적으로 반려동물에 대한 반려인의 돌봄을 생각할 때 우리는 음식과 잠자리 제공하기, 개와 산책하기, 필요 시 동물병원에 데려가기 등을 떠올린다. 과연 그것으로 충분할까?

미국의 여성주의 정치 철학자 버지니아 헬드(Virginia Held, 1929~)는 돌봄을 '관계의 윤리'로 설명한다. 그녀에 따르면 돌봄은 돌봄 관계에 있는 사람들 사이의 관심, 신뢰, 배려를 바탕으로 하며, 관계가 지닌 가치를 보존하는 실천이다. 따라서 돌봄은 그것을 필요로 하는 사람의 욕구에 대한 지속적인 관심을 가질 것을 요구한다. 우리가 반려동물과 서로 정서적으로 유대하고 돌보는 관계를 지향한다는 점에서, 헬드의 돌봄윤리는 반려동물에 대한 돌봄의 구체성을 이해하는 데 시사점을 제공한다. 인간의 돌봄을 필요로 하는 '동물의 욕구'는 무엇일까? 단순히 풍부한 음식과 편안한 잠자리, 산책에만 한정된 것은 아닐 것이다. 관심을 좀 더 기울인다면 동물이 원하는 것 외에 '원하지 않는 것' 또한 욕구의 하나로 이해할 수 있지 않을까?

이러한 관점에서 반려동물에 대한 우리의 돌봄 행위를 다시 생각해 볼 필요가 있다. 우리가 반려동물에게 제공하는 모든 것들이 반려동물을 위해서인가 아니면 우리를 위해서인가? 이런 질문을 해볼 필요도 있다. 음식이 충분한가, 잠자리가 편안한가, 산책을 하루에 몇 번 해야 하는가 하는 일차원적 질문에 더하여 반려동물이 무엇을 원치 않는가에 대한 질문도 할 수 있을 것이다.

이런 내용은 어떨까? '아파트에서 개를 기르기 위해서는 성대 제거 수술이 불가피하다. 멋진 웰시코기가 되기 위해서는 어릴 때 꼬리를 잘라줘야 하고 용맹스런 모습의 도베르만을 위해서는 귀를 잘라줘야 한다. 발정기의 불편을 감소시키고 생식기 질병을 미리 방지하기 위해 생후 1년쯤에는 중성화 수술을 해주는 것이 좋다.' 우리는 이에 대해 동물들이 어떻게 생각하는지 물은 적이 없으며, 물을 수도 없다. 그러면서도 이렇게 단언한다. 동물에게 이런 정도의 일들은 인간과 함께 살아가기 위해서 어쩔 수 없는 일이라고. 동물들의 더 나은 삶을 위해서 결정한 일이라고.

하지만 우리가 동물들에게 행하는 그런 일들이 인간과 동물이 함께 살아가기 위해 감수해야 하는 '작은 불편'에 불과하다고 확신할 수 있을까? 여기에서 그러한 행위들의 옳고 그름을 따지려는 것은 아니다. 다만 우리가 어쩔 수 없다고 생각해 왔던 일들, 혹은 동물들에게 좋다고 여겨왔던 것들에 대해 진정 그러한지 되묻는 작업이 필요하다는 사실만은 기억하자.

동물을 위한 윤리의 필요 여부가 동물의 도덕적 지위에서만 찾아지는 것은 아니다. 그것과는 관계없이 우리가 동물과 같은 공간에서 같은 시간을 살아가고 있다는 사실이 윤리를 요청하고 있다고 보아야 옳다. 동물을 위한 윤리를 모색하는 일은 지금껏 당연하다고 믿어왔던 모든 것들에 대해 정말 그런지 다시 묻는 일에서부터 시작된다. 또한 그러한 질문에 대한 대답을 찾는 첫 번째 단계는 '인간'이라는 중심에서 벗어나 동물로 그 중심을 옮겨보는 것이다.

물론 인간은 인간 이외의 무엇이 될 수 없기에 인간중심적일

수밖에 없다. 하지만 또 인간이기에 그 중심을 바꿔보려는 시도를 할 수 있는 것은 아닐까? 중심을 벗어났다 다시 되돌아오기를 반복하는 일이 윤리를 실천하는 동력이 되어주길 기대하면서 말이다.

🐶 반려동물의 죽음이 우리에게 가르쳐주는 것 😺

반려동물의 죽음이 두려워서 반려동물 입양을 꺼린다고 말하는 사람들이 많다. 실제로 반려인들에게 반려동물의 죽음은 깊은 마음의 상처가 된다. 그렇다면 죽음이란 무엇일까? 생물학이나 의학에서는 죽음을 '생명 활동이 정지된 상태, 달리 말해 생명을 가지고 있는 유기체가 해체되어 무기물을 법칙을 따르게 된 상태'를 이른다. 철학에서는 죽음을 '육체로부터 영혼의 해방'(플라톤), '삶의 목적'(쇼펜하우어), '삶의 완성'(니체)이라고 표현한다. 또 많은 종교에서는 사후세계가 존재한다는 믿음을 가지고 있다. 기독교에서는 죽어서 천국이나 지옥에 가고, 불교에서는 윤회를 통해 다시 삶을 얻는다고 믿는다.

하지만 이러한 설명이나 믿음은 실제로 죽음이 무엇인지 정확히 알려주지 못한다. 누구도 죽음을 직접 경험할 수 없기 때문이다. 죽음은 누구에게나 예외 없이 찾아오지만, 언제 어떻게 오는지 예측할 수 없는 미래에 속한 것이기도 하다. 그렇기에 우리가 경험할 수 있는 죽음은 언제나 타자의 죽음뿐이다.

반려동물의 죽음은 때로 우리가 경험하는 첫 번째 타자의 죽음이 되기도 한다. 동물은 인간에 비해 삶의 주기가 짧기 때문에 반려동물의 죽음을 경험하는 것은 반려인에게 필연적인 것이기도 하다. 반려인에게 있어 반려동물의 죽음은 사랑하는 사람과의 이별만큼이나 받아들이기 힘든, 고통스럽고 가슴 아픈 일이다.

오늘날 많은 사람들이 죽은 반려동물을 위해 장례를 치르고 유골을 집에 보관하며 오랜 시간 동안 그들의 죽음을 애도한다. 또 반려동물이 죽음 이후 평온한 삶을 '무지개다리'에서 보내고 있을 것이라 상상한다. 반려동물에게도 영혼이 있어 그들도 죽음 이후의 삶을 누릴 것이라고 생각하는 것이다. 반려동물의 죽음을 대하는 이러한 일련의 방식들은 인간의 죽음에 대한 태도와 맞닿아 있다. 그만큼 반려동물과의 유대가 사람 사이의 유대만큼이나 깊었다는 의미다.

김애란의 소설 「노찬성과 에반」에서 초등학생인 찬성은 할머니가 일하는 고속도로 휴게소에 묶인 채 버려진 개와 만난다. 개에게 해줄 수 있는 일이라곤 마른 목을 잠시나마 축여주는 일밖에 없다는 생각에 찬성은 자신이 먹던 콜라 속 얼음을 꺼내 개에게 건넨다. 그때 찬성은 손바닥에 "난생처음 느껴보는 감각"을 느끼고, 그러한 감각은 다시 찬성의 내면에 알 수 없는 "묘한 자국"을 만든다. 개는 찬성의 얼굴을 바라보고 있다. 그래서일까? 그날 이후 개는 '에반'이라는 이름을 얻게 되고 둘은 형제가 되고 가족이 된다.

어느 날 밥도 먹지 않고 힘없이 늘어져 있는 에반을 동물병원에 데려간 찬성은 수의사로부터 에반이 암에 걸렸다는 이야기를 듣는다. 에반의 안락사를 권유받고 집으로 돌아온 찬성은 그날 밤 에반과 나란히 누워 에반의 얼굴을 유심히 들여다본다. 에반의 고통을 이해해 보려 노력하지만 죽음과 견줄 수 있는 고통이 어떤 것인지 어린 찬성은 이해하기 어렵다.

찬성이 몸을 돌려 에반을 뚫어져라 바라봤다. 서로 코가 닿을 정도로 가까운 거리였다.

'네가 네 얼굴을 본 시간보다 내가 네 얼굴을 본 시간이 길어⋯⋯ 알고 있니?'

에반의 젖은 속눈썹이 미세하게 파들거렸다. 찬성이 에반의 입매, 수염, 콧방울, 눈썹 하나하나를 공들여 바라봤다. 그러자 그 위로 살아, 무척, 버티는, 고통 같은 말들이 어지럽게 포개졌다.

— 있잖아, 에반. 나는 늘 궁금했어. 죽는 게 나을 정도로 아픈 건 도대체 얼마나 아픈 걸까?

— ⋯⋯

— 에반, 많이 아프니? 내가 잘 몰라서 미안해.

— ……

— 있잖아. 에반. 만약에 못 참겠으면…… 나중에 정말 너무너무 힘

들면 형한테 꼭 말해. 알았지?

에반이 끙 소리를 냈다. 찬성은 몸을 돌려 바로 누운 뒤 어둠 속 빈

벽을 한참 바라봤다.

(……)

손바닥에 고인 땀을 보니 문득 에반을 처음 만난 날이 떠올랐다. 손

바닥 위 반짝이던 얼음과 부드럽고 차가운 듯 뜨뜻미지근하며 간질

거리던 무엇인가. 그렇지만 이제 다시는 만질 수 없는 무언가가

가슴을 옥죄었다. 하지만 당장 그것의 이름을 무어라 불러야 할지

몰라 찬성은 어둠 속 갓길을 마냥 걸었다.

—김애란, 「노찬성과 에반」 중에서

찬성은 에반의 죽음으로 인해 큰 상실감을 경험한다. 에반과 처
음 만났던 날 느꼈던 설명할 수 없는 교감의 감각들을 다시는 느
껴볼 수 없다는 사실이 그는 고통스럽다. 하지만 찬성은 그 고통
의 실체에 어떤 이름을 붙여야 하는지 알지 못한다. 다만 어렴풋
이 죽음이 무엇인지를 느낄 뿐이다.

우리는 아무리 가까운 사람의 죽음을 지켜본다고 하더라도 죽
음의 밖에 있기에, 죽어가는 사람의 내면에서 어떤 일이 일어나고
있는지 알 수 없다. 또 그에게 죽음이 무엇을 의미하는지 알 길이

없다. 다만 우리가 죽음에 대해 알 수 있는 것은 죽음이 삶의 저편에 있고 누군가가 죽으면 다시 만날 수 없다는 사실이다.

독일의 철학자 칼 야스퍼스(Karl Jaspers, 1883~1969)는 타자의 죽음을 조금 다르게 이해했다. 혼자가 되기 때문에 비록 고독하지만 둘의 교제와 소통은 단절되지 않는다. 오히려 죽음이 혼자 남은 사람의 삶 속에 받아들여지고 영원한 관계를 맺게 된다. 삶과 죽음이 교제하는 것이다. 이를 통해 남아 있는 사람은 언젠가 다가올 자신의 죽음에 대한 두려움을 극복할 수 있게 된다. 어떻게 죽음을 초월한 교제가 가능한 것일까? 야스퍼스는 이런 가능성을 위한 전제 조건을 제시한다. '진실된 사랑을 받은 사람'이 그것이다. 이러한 조건은 죽음의 의미가 삶에 있음을 말해 준다.

우리는 살아가는 동안 사랑하는 많은 존재들을 죽음으로 잃게 될 것이고 반려인이라면 반려동물의 죽음을 언젠가는 경험하게 될 것이다. 그로 인한 고독과 슬픔을 맞이하게 될 것이다. 하지만 야스퍼스의 말처럼 죽음을 삶 속에 받아들일 수 있다면, 그로 인해 영원한 교제를 할 수 있다면 죽음과 이별이 두려운 것만은 아니다. 그러니 우리는 지금 여기에서 더욱 사랑하면 된다. 반려동물을 기르는 일은 이처럼 삶과 죽음에 대해서 깊이 사유할 수 있게 해준다. 우리 곁의 반려동물은 우리에게 철학적 베개를 건네는 존재들이다.

😺 얼굴의 윤리학 😺

　김애란의 소설을 다시 살펴보자. 에반을 처음 만난 날, 찬성이 에반에게 얼음을 건네지 않았더라면, 에반이 전하는 낯선 감각이 찬성의 내면에 알 수 없는 묘한 자국을 남기지 않았더라면, 에반이 희고 긴 속눈썹을 추켜올려 찬성을 물끄러미 바라보지 않았더라면, 찬성과 에반은 반려라는 새로운 관계맺음을 하지 못했을 것이다. 또 찬성이 에반의 얼굴을 오랜 시간 들여다보지 않았더라면 에반의 얼굴에 어리는 고통의 의미를 읽어내지 못했을 것이다. 찬성과 에반이 서로의 얼굴을 바라보는 행위에 '윤리적'이라는 수식을 붙일 수 있지 않을까?

　'타자의 윤리학'으로 잘 알려진 유대인 철학자 에마뉘엘 레비나스(Emmanuel Levinas, 1906~1995)는 2차 세계대전 시기 나치의 홀로코스트를 경험하고 살아남았다. 이후 그는 인간적 가치와 타자에 대한 책임을 새로운 윤리학으로서 구축하고자 했다. 레비나스의 논의에서 주체는 타자의 얼굴과 마주하며 윤리적 주체로 거듭나게 된다. 눈과 코와 입으로 구성된 얼굴은 여러 부품으로 구성된 기계와는 다르다. 기계는 인간을 바라보지도 않고 호소하지도 않는다. 하지만 얼굴은 바라보고 호소하며 말을 건넨다.

"얼굴 속에서 타인은 나를 향한다. 이 얼굴은 얼굴의 재현으로 흡수

되지 않는다. 정의를 외치는 얼굴의 비참함을 듣는 것은 어떤 이미지를 자신에게 재현하는 데서 성립하는 것이 아니다. 그것은 스스로를 책임질 수 있는 자로, 얼굴 속에서 스스로를 현시하는 존재 이상의 그리고 그 존재 이하의 자로 동시에 정립하는 데서 성립한다. 이하라고 말하는 이유는, 얼굴이 나의 의무를 요구하고 나를 심판하기 때문이다. 얼굴 속에서 스스로를 현시하는 존재는 높이의 차원, 초월의 차원에서 내게 온다. 거기서 타인은 방해물이나 적과는 다르게 나와 대립하지 않으면서 스스로를 낯선 이로 현시할 수 있다. 이상이라고 말하는 이유는, 나로서의 내 자리가 이러한 타인의 본질적인 비참함에 응답할 수 있는 데서, 내게서 자원들을 발견하는 데서 성립하기 때문이다. 그의 초월성 속에서 나를 지배하는 타인은 또한 낯선 이, 고아 그리고 과부다. 나는 그들에게 의무가 있다."

—에마뉘엘 레비나스, 『전체성과 무한』 중에서

    레비나스가 타자의 얼굴을 가난한 자와 낯선 이, 과부와 고아의 얼굴로 표현한 것은 그들의 얼굴이 주체로 하여금 연민이나 동정심을 유발해서가 아니다. 내가 나의 삶을 유지하기 위해 행한 일들이 타자의 삶에 폭력을 초래하는 것은 아닌지 하는 내면 깊은 곳의 죄책감이 그들의 얼굴을 통해 나에게 책임을 호소하고 있기 때문이다. 그런 의미에서 레비나스가 말하는 타자의 얼굴은 자유를 누리며 살고 있는 우리의 삶이 정당한지를 묻고 있는 것이다.

우리는 이미 많은 동물들의 고통이 우리로부터 비롯되었음을 알고 있다. 수많은 바다 생물들이 버려진 플라스틱으로 인해 죽어간다는 뉴스를 접할 때, 그들의 죽음과 자신이 무관하다고 느끼는 사람은 없을 것이다.

찬성이 에반의 얼굴을 하나하나 공들여 바라봤듯이 지금 나와 함께 살아가는 반려동물의 얼굴을 오랫동안 들여다보자. 그 얼굴에서 무수한 동물들의 삶을 읽어낼 수 있다면 동물을 위해 윤리학을 다시 쓸 수 있지 않을까?

🐟 길고양이에게 먹이를 비롯한 돌봄을 제공하는 이들을 캣맘·캣대디라고 부른다. 길고양이를 보살피는 행위가 이웃 간의 갈등을 불러오기도 하는데, 이에 대한 자신의 생각과 근거를 나눠보자.

🐾 지나친 일회용품 사용을 비롯해 동물과 더불어 살아가는 삶을 가로막고 있는 인간의 생활방식에는 무엇이 있는지 생각해 보고, 이를 해결하기 위한 방안을 토론해 보자.

 부록

우리와 동물이 더 가까워지는 책 그리고 영화

1. 문학

『무민은 채식주의자』(구병모 외 지음, 걷는사람, 2018)

활발하게 작품 활동 중인 소설가 열여섯 명이 '동물권'을 소재로 쓴 짧은 소설
들을 묶은 소설집이다. 부담 없이 빠르게 읽을 수 있는 책이지만, 비판과 성찰
의 시선으로 우리 시대 동물이 처한 환경을 찬찬히 들여다보게 한다. 동물과
함께하는 삶의 면면을 개성 강한 작가들의 매력적인 문장들로 접해보자.

『나 개 있음에 감사하오』(김상혁 외 지음, 아침달, 2019)

반려견과 함께 살아가는 일상의 경험을 스무 명의 시인이 시와 산문으로 풀어
낸 시집이자 에세이집이다. 이 책에 수록된 40편의 시와 20편의 짧은 산문에
는 반려견과의 아름다운 공존과 이별의 아픔이 담겨 있다. 개를 처음 만난 순
간 느낀 기쁨부터 소소하게 정을 나누며 살아가는 일상은 물론, 함께 살던 개
를 떠나보내고 겪는 상실의 아픔도 그려져 있다. 반려인으로서 겪게 되는 희
로애락의 순간들을 서정적으로 담았다.

『그날, 고양이가 내게로 왔다』(김중미 지음, 낮은산, 2016)

고양이와 사람의 교감을 따뜻하게 그려낸 청소년을 위한 장편소설이다. 『괭이
부리말 아이들』로 유명한 김중미 작가가 상처받은 두 아이와 고양이 사이의
교감을 통해 세상을 향해 닫힌 마음의 문을 여는 과정을 보여준다. 자기의 의
지와 무관하게 주변부로 밀려난 존재인 아이와 고양이를 통해 그들 각자가 누

구에게도 소유될 수 없는 하나의 독립된 존재이자 우주이고, 교감과 소통이
상처를 치유하는 길이라는 것을 가슴 시리게 그려낸다.

『개를 읽는 시간』, 『고양이를 읽는 시간』(오 헨리 외 지음, 지은현 옮김, 꾸리에, 2017)

이 두 권의 책은 우리나라에서 처음으로 개와 고양이를 소재로 하는 세계문학
단편을 모은 작품집이다. 마크 트웨인, 헤밍웨이, 모파상, 오 헨리, 발자크 등
세계적인 대문호의 작품이 두 권의 책에 고스란히 담겨 있다. 작품의 장르도
공포와 판타지, 로맨스와 동화 등으로 다양하며 개와 고양이를 묘사하는 거장
들의 솜씨를 엿보는 재미가 쏠쏠하다.

『고양이 손님』(히라이데 다카시 지음, 양윤옥 옮김, 박하, 2018)

시인 히라이데 다카시가 개인적인 체험을 소재로 쓴 작품으로 시와 산문의 경
계에 위치한 아름다운 소설이다. 새로 이사한 동네에서 만나게 된 길고양이
와 교감하는 과정을 그리고 있는 이 소설은 『어린 왕자』, 『동물농장』 등과 함께
'최고의 현대 우화 5편'에 뽑히기도 했다. 주인공 부부가 어느 날 선물처럼 나
타난 고양이와 정을 나누는 과정은 우리 삶에 일어날 수 있는 작은 기적의 가
능성을 담담하게 들려준다.

2. 웹툰

『노견일기』(정우열 지음, 동그람이, 2019)

늙은 강아지와 함께 제주에서 살아가고 있는 웹툰 작가 정우열의 에세이 만화이다. 동물과 같은 시간을 공유하면서 천천히 나이 들어가는 개와 인간의 일상을 따뜻하면서도 차분한 시선으로 그려내고 있다. 네이버의 '동물공감' 포스트에서도 연재 중이다.

『19년 뽀삐』(마영신 지음, 씨네21북스, 2016)

장애를 가진 주인공 병걸은 어린 나이에 부모님을 잃고 시골의 이모 집에서 유일한 친구인 강아지 '뽀삐'와 살아간다. 성인이 되어, 힘들지만 그렇다고 불행하지도 않은 평범한 삶을 열심히 살아가는 병걸과 그를 바라보는 뽀삐의 시선은 마영신 작가 특유의 그림체와 더불어 인간과 동물 간의 관계에 대해 깊이 생각하게 해준다. 2015~2016년 다음 웹툰에서 연재되었다.

『뽀짜툰』(유리 지음, 북폴리오, 2014)

고양이 여러 마리를 키우며 사는 작가 '유리'의 실제 이야기를 담고 있는 웹툰으로 2013년부터 지금까지 포털사이트 다음에서 연재 중이다. 고양이가 갑작스럽게 병원을 가게 되는 경우를 비롯해 고양이와의 이별, 우연히 만난 길냥이와의 문제 등 반려묘를 키운다면 누구나 겪을 수 있는 문제들을 가감 없이 다루고 있다. '가슴으로 낳아 지갑으로 키운다'는 반려인들 사이의 금언을 잘 보여주는 작품으로, 고양이를 키우고 싶어 하는 사람들이라면 먼저 읽어볼 만하다.

『개를 낳았다』(이선 지음, 위즈덤하우스, 2019)

2018년부터 2019년까지 네이버에서 연재된 이선 작가의 웹툰이다. 강아지를 키우고 싶다는 마음만으로 갑자기 강아지를 입양해서 기르게 된 주인공의 이야기를 다룬다. 현대사회에서 반려동물을 키우기 위해서라면 동물을 귀여워하는 마음뿐만이 아니라 많은 준비가 필요하다는 사실을 잘 보여준다.

『내 어린 고양이와 늙은 개』(초 지음, 북폴리오, 2011)

주인공이 성인이 되어 키우게 된 고양이와 어릴 때부터 집에서 키우던 개를 중심으로 단편적인 에피소드를 다루고 있는 웹툰이다. 반려동물을 대하는 우리의 행동과 그 반응을 두 동물의 시선으로 보고 있는 점이 흥미롭다. 이를 통해 반려동물과 함께 살기 위해서라면 동물의 내면을 고려하는 것이 중요하다는 사실을 자연스럽게 깨닫게 된다. 2011년부터 2년간 네이버 웹툰에서 연재되었다.

3. 영화

<옥자>(봉준호 감독, 2017, 한국·미국)

산골 소녀 미자와 그녀의 단짝 슈퍼 돼지 옥자의 우정과 모험을 그린 영화. 옥자를 찾아 나선 미자의 험난한 여정에서 공장식 축산업의 폭력성이 드러난다. 동물의 유전자를 조작하고 잔인하게 도살하는 축산업의 문제점과 자본을 향한 인간의 욕망을 신랄하게 고발하며 육류의 윤리적 소비에 대해서도 고민하게 만든다.

<마음이>(박은형·오달균 감독, 2006, 한국)

어린 남매와 함께 살게 된 반려견 마음이는 그들의 친구이자 가족이다. 그러나 동생 소이가 사고를 당해 세상을 떠나자 마음이 때문이라고 생각한 오빠 찬이는 마음이를 버리고 떠난다. 찬이의 냉대에도 불구하고 우여곡절 끝에 찬이를 찾아온 마음이를 향해 다시 마음의 문을 열게 된 찬이. 어떤 상황에서도 외롭고 힘든 어린 소년을 보듬는 반려견 마음이의 모습은 뭉클한 감동을 준다.

<하치 이야기>(코야마 세이지로 감독, 1987, 일본)

일본에서 가장 유명한 개 하치의 실제 일화를 그린 영화이다. 우에노 교수는 자신의 집에서 키우게 된 강아지에게 하치란 이름을 붙여주고 부인이 질투할 만큼 하치를 사랑하며 둘도 없는 친구가 된다. 하치는 매일 기차역으로 마중을 나가 우에노 교수를 기다리는데, 어느 날 학교에서 쓰러진 우에노 교수는 영영 돌아오지 못한다. 인간과 반려견 사이에 생긴 우정과 신뢰를 보여주는 감동적인 영화이다.

<베일리 어게인>(라세 할스트롬 감독, 2017, 미국)

반려견 베일리의 1인칭 시점에서 전개되는 영화이다. 베일리는 생을 마감한 후 다른 개로 환생하여 다양한 사람들을 반려인으로 만나게 된다. 사랑하는 사람 들을 응원하고 걱정하며 그리워하는 베일리의 독백이 유머러스하면서도 감동 적이다. 우리 곁에 있는 반려견의 눈동자를 다시 한번 들여다보게 만든다.

<동물원>(콜린 맥아이버 감독, 2017, 아일랜드)

1941년 북아일랜드의 수도인 벨파스트가 독일의 공습으로 위험에 빠졌을 때 사육사였던 소년과 그의 친구들이 동물원에서 새끼 코끼리를 구출하는 소동 을 그린 영화이다. 인간에 의해 동물원에서 살게 되었다가 전쟁이 터지자 인 간을 위협한다는 이유로 사살 직전에 놓인 동물원의 동물들을 구하고자 했던 여성 사육사의 실제 이야기를 바탕으로 한다. 2018년 순천 세계 동물 영화제 개막작으로 상영되었다.

4. 인문교양

『동물 해방』(피터 싱어 지음, 김상현 옮김, 연암서가, 2012)

공리주의를 토대로 동물 해방을 주장하는 실험윤리학자 피터 싱어를 대표하는 책이다. 이 책에서 그는 동물 학대가 종차별주의적 사고에 바탕을 두고 있다고 비판하며, 동물 학대와 같은 잔혹한 행위의 역사적, 사회문화적 배경을 면밀하게 살피고 있다. 이 책은 동물을 대하는 인간의 태도를 반성하고 동물실험, 공장식 축산업 등 동물에 대한 잔혹 행위를 멈출 것을 촉구하는 세계적인 동물 해방 운동을 촉발시켰다.

『동물은 인간에게 무엇인가』(마고 드멜로 지음, 천명선·조중헌 옮김, 공존, 2018)

인간 사회 속에서 동물이 인간과 관계 맺는 방식과 인간과 동물의 상호작용을 연구하는 학문인 인간동물학의 다양한 연구 분야를 다룬 책이다. 이 책은 동물에 대한 정의와 분류를 비롯해 인간이 동물을 어떻게 이용해 왔는지, 동물을 대하는 인간의 태도가 어떠한지, 인간의 문화 속에 동물이 어떻게 그려져 왔는지를 구체적으로 살피고 있다. 더불어 동물의 감정과 행동, 지능과 언어를 이해하는 방법을 제시한다.

『동물의 감정에 관한 생각』(프란스 드 발 지음, 이충호 옮김, 세종서적, 2019)

세계적인 영장류학자이자인 프란스 드 발은 이 책에서 인간과 동물 감정의 기원을 다루고 있다. 동물에게도 감정이 있을까? 동물의 감정은 인간의 감정과 어떻게 다를까? 감정을 진화의 열쇠로 보는 프란스 드 발은 동물의 감정을 이해하는 것이 인간을 이해하는 방법이 되며, 더욱 공정하고 조화로운 사회를 만들 가능성을 높여준다고 주장한다. 그를 통해 영장류부터 개와 고양이, 물고기에 이르기까지 다양한 동물들의 감정 세계 속으로 여행을 떠나보자.

『제인구달, 침팬지와 함께한 50년』(제인 구달 지음, 김옥진 옮김, 궁리, 2014)
영장류학자이자 세계적인 환경운동가인 제인 구달의 침팬지 연구 50주년을 기념하기 위해 발간된 사진집이다. 침팬지 무리와의 첫 만남에서부터 삶의 터전을 잃어가는 야생동물들을 위해 활동하는 제인 구달의 모습이 담겨 있다. 더불어 동물을 비롯한 모든 생명에 대한 사랑의 메시지를 세계 곳곳에 전달하는 환경운동가로서 활동하는 최근의 모습까지 50년간 헌신해 온 그녀의 삶이 고스란히 담겨 있다.

『채식하는 사자 리틀 타이크』(조지 웨스트보·마거릿 웨스트보 지음, 정소영 옮김, 책
공장더불어, 2017)
1940~1950년대, 미국 워싱턴 주 히든 밸리라는 한 목장에서는 리틀 타이크라는 사자가 육식이 아닌 채식만 하고, 인간은 물론 목장의 모든 동물들과 친구로 지내며 평화롭게 살았다고 한다. 인간과 비인간 동물이 평화롭게 공존할 수 있는 가능성을 리틀 타이크의 삶을 통해 상상해 보자.

인용 출처

24쪽 몽테뉴, 『수상록』(솔 프램튼, 『내가 고양이를 데리고 노는 것일까, 고양이가 나를 데리고 노는 것일까?』 김유신 옮김, 책읽는수요일, 2012, 102쪽에서 재인용)

49~50쪽 찰스 다윈, 『인간과 동물의 감정 표현에 대하여』 서해문집, 1998

55~56쪽 프란스 드 발, 『동물의 감정에 관한 생각』 이충호 옮김, 세종서적, 2019

104쪽 코린 펠뤼숑, 『동물주의 선언』 배지선 옮김, 책공장더불어, 2019

108~109쪽 업튼 싱클레어, 『정글』, 채광석 옮김, 페이퍼로드, 2009

148쪽 찰스 디킨스, 『데이비드 코퍼필드』 신상웅 옮김, 동서문화사, 2011

225쪽 에드워드 사이드, 『오리엔탈리즘』 박홍규 옮김, 교보문고, 1991, 15쪽

245~246쪽 길상호, 『우리의 죄는 야옹』 문학동네, 2016

249~250쪽 르네 데카르트, 『방법서설, 성찰, 철학의 원리, 정념론, 정신지도를 위한 지침』 소두영 옮김, 동서문화사, 2016

251~252쪽 톰 리건, 『The Case for Animal Rights』(최훈, 『동물을 위한 윤리학』 사월의책, 2015에서 재인용)

254~255쪽 가야트리 스피박 외, 『서발턴은 말할 수 있는가』, 태혜숙 옮김, 그린비, 2013

263~264쪽 김애란, 『바깥은 여름』 문학동네, 2017

266~267쪽 에마뉘엘 레비나스, 『전체성과 무한』, 김도형·문성원·손영창 옮김, 그린비, 2018

나는 반려동물과 산다

초판 1쇄 발행 2020년 6월 8일
초판 5쇄 발행 2024년 5월 1일

지은이 이선이 장은영 남승원 고봉준 박종무 김영임 권유림 백지연 이철주 백지윤
펴낸이 김선식

부사장 김은영
콘텐츠사업2본부장 박현미
콘텐츠사업6팀장 임경섭 콘텐츠사업6팀 곽수빈, 임고운, 정명희
마케팅본부장 권장규 마케팅1팀 최혜령, 오서영, 문서희 채널1팀 박태준
미디어홍보본부장 정명찬 브랜드관리팀 안지혜, 오수미, 김은지, 이소영
뉴미디어팀 김민정, 이지은, 홍수경, 서가을, 문윤정, 이예주
크리에이티브팀 임유나, 박지수, 변승주, 김화정, 장세진, 박장미, 박주현
지식교양팀 이수인, 염아라, 석찬미, 김혜원, 백지은
편집관리팀 조세현, 김호주, 백설희 저작권팀 한승빈, 이슬, 윤제희
재무관리팀 하미선, 윤이경, 김재경, 이보람, 임혜정
인사총무팀 강미숙, 지석배, 김혜진, 황종원
제작관리팀 이소현, 김소영, 김진경, 최완규, 이지우, 박예찬
물류관리팀 김형기, 김선민, 주정훈, 김선진, 한유현, 전태연, 양문현, 이민운

펴낸곳 다산북스 출판등록 2005년 12월 23일 제313-2005-00277호
주소 경기도 파주시 회동길 490 다산북스 파주사옥
전화 02-702-1724 팩스 02-703-2219
이메일 dasanbooks@dasanbooks.com
홈페이지 www.dasan.group 블로그 blog.naver.com/dasan_books
종이·출력·제본 북토리

ISBN 979-11-306-3011-3 (43190)

다산북스(DASANBOOKS)는 독자 여러분의 책에 관한 아이디어와 원고 투고를 기쁜 마음으로 기다리고 있습니다.
책 출간을 원하는 아이디어가 있으신 분은 다산콘텐츠그룹 홈페이지 '원고투고'란으로 간단한 개요와 취지, 연락처 등을
보내주세요. 머뭇거리지 말고 문을 두드리세요.